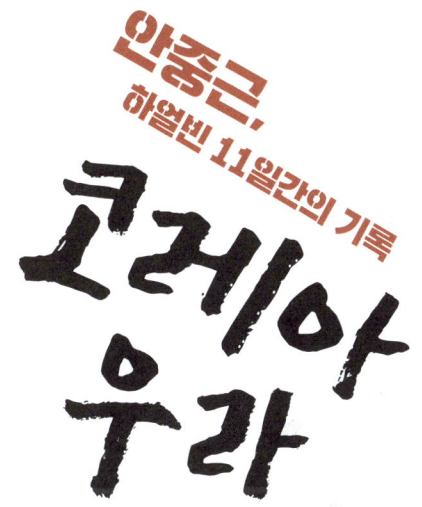

안중근, 하얼빈 11일간의 기록
코레아 우라

작가 정신을 심어 주신 내 아버지와 어머니께
사랑과 존경을 담아

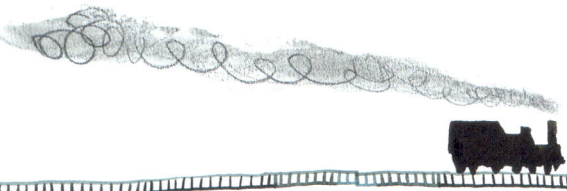

안중근,
하얼빈 11일간의 기록

코레아 우라

초판 1쇄 발행 | 2018년 10월 26일
초판 7쇄 발행 | 2023년 1월 25일

글쓴이 | 한미경
그린이 | 신민재
펴낸이 | 조미현

책임편집 | 황정원
편집진행 | 윤나래
디자인 | 디자인 나비

펴낸곳 | (주)현암사
등록 | 1951년 12월 24일 · 제10-126호
주소 | 04029 서울시 마포구 동교로12안길 35
전화 | 365-5051 · 팩스 | 313-2729
전자우편 | child@hyeonamsa.com
홈페이지 | www.hyeonamsa.com
블로그 | blog.naver.com/hyeonamsa
인스타그램 | www.instagram.com/hyeonam_junior

ⓒ한미경, 신민재 2018

ISBN 978-89-323-7477-2 73910

* 이 책은 저작권법에 따라 보호를 받는 저작물이므로 저작권자와 출판사의 허락 없이
  이 책의 내용을 복제하거나 다른 용도로 쓸 수 없습니다.
* 책값은 뒤표지에 있습니다. 잘못된 책은 바꾸어 드립니다.
* 현암주니어는 (주)현암사의 아동 브랜드입니다.

| 제품명 도서 | 전화번호 02-365-5051 | 제조년월 2023년 1월 | 제조국명 대한민국 |
| 제조자명 (주)현암사 | 사용연령 9세 이상 | 주소 서울시 마포구 동교로12안길 35 |
주의사항 책 모서리에 부딪히거나 종이에 베이지 않도록 주의해 주세요.
KC 마크는 이 제품이 공통안전기준에 적합하였음을 의미합니다.

안중근, 하얼빈 11일간의 기록

고레아 우라

한미경 글 | 신민재 그림

현암주니어

들어가며

"숙제는 언제 할래?"

숙제하려고 마음먹었다가도 이런 소리를 들으면 숙제할 마음이 싹 달아나요. 모름지기 사람이란 누가 이래라저래라 하는 걸 싫어하잖아요. 하물며 누군가 우리말을 못 쓰게 막아 버리면 어떨까요? 학교 교실에서 우리말을 했다고 매를 맞는다면? 어느 날 갑자기 여러분의 이름을 나까무라나 미찌꼬로 바꾸라고 한다면 어떤 마음이 들까요?

다들 알겠지만 우리 선조들은 이런 모욕을 겪었어요. 일제가 우리나라를 강제로 차지하고 주인 행세를 한 때 말이에요. 궁궐은 동물원으로 바뀌고, 애써 농사지은 쌀은 나라 밖으로 빠져나가 굶주려야 했어요. 또 산과 들을 누비는 권리마저 빼앗겼지요.

우리 선조들은 그 치욕을 벗고 스스로 서기 위해 목숨을 걸고 총칼에 맞섰어요. 누군가의 명령대로 살지 않고, 자기 뜻대로 살려면 독립을 해야 하니까요. 지금 우리가 공기처럼 누리고 있는 권리는

　선조들이 바친 귀한 목숨의 대가예요. 그분들이 남겨 주신 유산 덕분에 우리는 마음껏 우리말을 하고 세상을 누빌 수 있어요.
　　내 아버지는 늘 빚이 많다고 말씀하세요. 나라를 찾으려고 목숨을 바친 할머니, 할아버지께 빚이 한 짐이래요. 그걸 갚을 수는 없어도 잊어버리면 안 된다고 하시지요.
　　어떤 사람은 역사를 일컬어 현재를 비추는 거울이라 했어요. 때로 거울은 우리 모습을 진짜보다 더 진짜처럼 보여 주기도 하지요. 우리는 이 책에서 거울을 들여다볼 거예요. 소중한 가치와 명예를 위해 선조들이 목숨을 걸었던 순간을 찬찬히 볼 거예요.
　　다 지난 일이라고 역사를 기억하지 않는다면 예전과 똑같은 위험에 빠질지도 몰라요. 역사는 반복되니까요. 우리가 쑥쑥 자라게끔 거름이 되어 준 우리 조상들은 세상이 한없이 힘들고 어려울 때 어떤 용기를 냈는지, 소중한 가치를 어떻게 지켰는지 함께 거울 속으로 들어가 보아요.

　　　　　　　　　　　　　　2018년 가을 서락재에서
　　　　　　　　　　　　　　　글쓴이 한미경

차례

들어가며 4

하얼빈 첫째 날, 1909년 10월 22일
블라디보스토크에서 하얼빈으로 9

하얼빈 둘째 날, 1909년 10월 23일
하얼빈 시내를 탐색하다 21

하얼빈 셋째 날, 1909년 10월 24일
하얼빈에서 채가구로 39

하얼빈 넷째 날, 1909년 10월 25일
채가구에서 다시 하얼빈으로 47

하얼빈 다섯째 날, 1909년 10월 26일
코레아 우라 49

하얼빈 여섯째 날, 1909년 10월 27일
안중근의 가족 64

하얼빈 일곱째 날, 1909년 10월 28일
지하 감옥과 일본인 검찰관 69

하얼빈 여덟째 날, 1909년 10월 29일
세계가 놀라다 71

하얼빈 아홉째 날, 1909년 10월 30일
미조부치 검찰관, 안중근을 우러르다 77

하얼빈 열째 날, 1909년 10월 31일
동지들 조사 받다 83

하얼빈 열한째 날, 1909년 11월 1일
뤼순 감옥으로 84

하얼빈 의거 이후 뤼순에서 144일, 1910년 3월 26일
진짜 승리자 86

부록
안중근의 하얼빈 의거, 아직 다 못 한 이야기들 99
안중근에 관한 열한 가지 질문
안중근과 함께 기억해야 할 일곱 인물들
안중근의 생애
하얼빈 11일의 기록
참고 자료

작가 주

1. 이 책은 안중근 의사가 하얼빈에서 보낸 11일간의 이야기입니다.
2. 안중근 의사는 어렸을 때 응칠이라 불렸습니다. 마지막 순간에 감옥에서 쓴 자서전 제목도 〈안응칠 역사〉입니다. 이 책에서는 사람들에게 더 많이 알려진 이름인 안중근으로 썼습니다.

하얼빈 첫째 날 1909년 10월 22일

블라디보스토크에서 하얼빈으로

"칙칙치익!"

기차가 뿌연 김을 토하며 하얼빈 역에 들어섰어요. 기차는 쇳소리를 내며 한참을 미끄러지다가 멈췄어요. 어제 아침에 러시아 블라디보스토크를 출발하여 800킬로미터를 달려온 거예요. 꼬박 이틀이나 걸렸지요. 밤공기에 퍼진 불빛은 희미한 안개 무리처럼 보였어요. 역 풍경도 그렁그렁 눈물 앞 그림처럼 어룽거렸어요.

하얼빈은 중국 동북쪽 끄트머리 땅이에요. 대대로 중국 땅이었지만 러시아 문화가 두루 퍼져 있었어요. 시베리아를 가로

지르는 기찻길이 하얼빈까지 길게 이어져 있기 때문이에요. 그래서 하얼빈은 자연스레 이곳저곳을 들고 나는 길목이 됐지요.

하얼빈은 만주 말로 그물을 말리는 곳이라는 뜻의 '하르빈'으로 불리다가 하얼빈으로 굳어진 이름이에요. 몽골 말로는 '카르빈', 러시아 말로는 '할빈'이라 불렀어요. 이렇게 다양한 말로 불린 것으로 보아 여러 나라 사람들

이 그곳에 살았다는 걸 짐작할 수 있어요. 하지만 하얼빈은 썩 살기 좋은 곳이 아니었어요. 겨울이면 기온이 영하 삼십 도까지 내려가 모든 게 얼어붙을 정도로 추운 곳이거든요. 시월 하

순만 되어도 밤공기가 쌀쌀하여 몸서리가 쳐질 정도니까요. 그런데도 많은 사람들이 하얼빈에 갔던 건 그만큼 간절하고 중요한 게 있기 때문일 거예요.

 1909년 10월 22일, 기차에서 내리는 사람 중에는 안중근, 우덕순, 유동하가 있었어요. 세 사람은 기차역을 빠져나와 마차를 잡았어요.

 "레스나야가 이십팔 호로 가 주세요."

 러시아 말을 잘하는 유동하가 마부에게 말했어요. 마차가 천천히 움직이기 시작했어요. 또각또각 말발굽 소리를 따라 흔들리는 마차에서 유동하는 몸에 잔뜩 힘을 줬어요. 손을 뻗쳐 마부 의자 등을 꽉 잡고 있었지요.

 '앞으로 무슨 일이 벌어질까? 과연 내가 잘 해낼 수 있을까?'

 유동하는 자신이 없었어요. 함께 기차를 타고 온 안중근과 우덕순은 큰 뜻을 품은 사람들처럼 담대하고 두려움이 없어 보였어요. 하지만 자신은 겁 많은 어린아이같이 느껴졌지요. 속은 메스껍고, 가슴은 죄어 왔어요. 유동하는 숨을 크게 마시며 눈을 감았어요. 그러자 지난 일이 생생하게 떠올랐지요.

어제 유동하의 아버지 유경집은 수분하 기차역으로 손님을 맞으러 갔어요. 평소 집에 손님이 자주 들었어도 마중까지 나간 일은 드문 일이었지요. 유경집이 직접 모시고 온 손님은 바로 안중근과 우덕순이었어요.

  세 사람은 굳은 얼굴로 집에 들어오더니 바로 방으로 들어갔어요. 유동하는 문밖에서 귀를 기울였어요. 다른 때도 어른들이 나라 걱정하는 말을 나누면 곁에서 듣곤 했거든요. 그런데 안중근이 이런 말을 하는 거예요.

  "거사를 하려면 러시아 말을 하는 사람이 필요합니다. 하얼빈에서는 러시아 말이라야 통하기가 쉬우니까요."

  거사라는 말을 듣고 유동하 가슴이 두근거렸어요. 거사는 엄청나게 큰일을 할 때 쓰는 말이거든요. 유경집은 망설이지 않고 대답했어요.

  "염려 마십시오. 러시아 말 통역이라면 문제없습니다. 동하, 밖에 있느냐?"

  문밖에 있던 유동하는 아버지가 부르시는 소리에 화들짝 놀랐어요.

  "동하야, 안 선생님께서 하얼빈에 가시는 길이란다. 네가 함께 가서 러시아 말 통역을 해 드리면 좋겠는데 어떻겠느냐? 마침 약재가 떨어져서 하얼빈에 사러 가야 하는데 잘됐지 않으냐?"

사실 약재는 넉넉하게 남아 있었어요. 한의사로 한약방을 꾸리던 유경집은 하얼빈에 갈 자연스러운 구실을 찾은 거예요.

"네, 알겠습니다."

유동하의 목소리가 바르르 떨렸어요. 팽팽한 거문고 줄을 튕긴 것 같았지요.

유동하와 안중근은 열세 살 차이가 났어요. 안중근이 몸을 다쳤을 때 유경집이 치료해 준 것을 인연으로 가깝게 지내는 사이였지요. 유동하는 삼촌뻘 되는 안중근을 잘 따랐고, 또 존경했어요.

'언젠가는 나도 안 선생님을 도와 나라의 독립을 위해 함께 일해야지.'

유동하는 평소에 이렇게 다짐했는데, 그 기회가 생각보다 빨리 온 것이지요.

안중근과 우덕순은 블라디보스토크에서 하얼빈으로 가는 중이었어요. 기차는 그 중간인 수분하에서 한 시간여를 멈췄어요. 연료로 석탄을 보충해야 했거든요. 그 짬에 유경집의 집에 들러 유동하도 같이 가게 된 거예요.

유동하는 이제 갓 아이 티를 벗은 젊은이에요. 만으로 열일곱 살밖에 안 됐지요. 비록 나이는 어리지만 동지들과 함께 7인 동맹*을 맺어 나라를 구하는 일을 같이하자는 다짐을 할 만큼 마음가짐이 단단했어요. 유동하는 안중근, 우덕순 같은 이들을 통역으로 도울 수 있다는 것만으로도 가슴이 뛰었지요.

7인 동맹 1909년 10월, 이토 히로부미가 하얼빈에 온다는 소식을 들은 유동하 아버지 유경집과 안중근, 우덕순, 조도선, 김성화, 탁공규와 7인 동맹을 맺었습니다. 나라를 위한 일에 몸을 아끼지 않겠다는 마음을 굳게 다진 것이었지요. 러시아 말을 할 수 있었던 유동하는 안중근과 우덕순을 하얼빈까지 안내하는 일을 맡았습니다.

그런데 안중근이 유동하에게 이런 부탁을 하는 거예요.

"유 군, 혹시 말이네. 무슨 일이 생기거든 유 군은 아무것도 모른다고 하시게. 나도 우 동지도 모르는 사람이라고 해야 하네."

유동하는 이 말을 듣고서 처음엔 무슨 말인지 몰랐어요. 하지만 곧 깨달았지요.

'아, 체포될 수도 있겠구나!'

막상 길을 떠나자 유동하는 덜컥 겁이 났어요. 하얼빈 역까지 오는데 경찰 옷 입은 사람만 봐도 가슴이 철렁 내려앉았어요.

'나를 잡으러 오는 사람인가? 하얼빈에 왜 가냐고 물으면 어떻게 대답하지? 이분들과 무슨 관계냐고 물으면 어떡하지? 안 선생님이 당부한 것처럼 아무것도 모른다고 해야 하나? 그건 너무 비겁한 일이 아닌가?'

두려움이 거센 여울처럼 소용돌이쳤어요. 그래도 겉으로는 티를 내지 않으려고 두려움을 꿀꺽 삼켰어요. 유동하가 마음을 다잡는 사이, 흔들리던 마차는 어느새 부탁한 곳에 다다랐어요. 그곳은 오늘 밤 머물기로 한 김성백의 집이었어요. 김성백은 유동하의 사돈어른이 될 사람이에요. 유동하의 여동생과 김성백의 남동생이 결혼을 약속한 사이거든요. 김성백은 하얼빈에 사는 대한 동포 모둠의 회장을 맡고 있었어요. 동포들 일이라면 팔을 걷어붙이고 애를 썼으며, 뒤에서 독립운동을 돕는 데도 땀을 아끼지 않았지요.

대문은 열려 있었어요. 하지만 안중근은 바로 들어가지 않고 문 앞에서 정중하게 사람을 불렀어요.

"계십니까?"

"어서 오세요. 먼 길 오시느라 고생들 많으셨어요."

늦은 시간인데도 싫은 기색 없이 반갑게 일행을 맞이한 사람은 김성백의 아내였어요.

"밤늦게 폐가 많습니다."

"무슨 말씀이세요, 당연히 저희가 할 일이고, 오히려 감사 드려야 하는 걸요. 지금 바깥양반은 외출 중이십니다만 곧 돌아오실 겁니다."

김성백의 아내는 따로 마련한 손님방으로 일행을 안내했어요. 그사이에 김성백도 집으로 돌아왔어요. 김성백은 철도 사업을 하여 돈을 벌었는데, 그 돈으로 동포들을 돕고 있었어요.

독립운동을 하는 사람들이나 머물 곳이 없는 사람들이 찾아오면 묵을 곳을 내어 주었지요.

"어서 오시게, 안 중장! 우 동지! 그리고 우리 사돈총각!"

다들 반가이 인사를 나눴어요. 곧 김성백의 아내가 먹을 것을 내왔어요.

"동지들께서 이렇게 오시니 마음이 든든합니다. 어서 잡수세요."

안중근 일행은 오랜만에 따뜻한 밥을 배불리 먹었어요. 그동안 돈이 넉넉하지 않아 제대로 된 끼니를 챙기지 못했거든요. 먼 길을 오느라 피곤했던 일행은 다음 날을 위해 일찍 잠자리에 들었어요. 마련해 준 잠자리도 포근하고 따뜻했어요.

하얼빈 둘째 날 1909년 10월 23일
하얼빈 시내를 탐색하다

안중근은 이른 아침, 잠이 깼어요. 이토가 오는 날짜를 확인해야 했어요. 우덕순이 말했어요.

"안 동지, 신문에서는 그날이 26일이라고 했소."

신문이란 러시아에서 발행하는 교민 신문 〈대동공보〉를 말하는 거예요.

이들이 먼 하얼빈까지 오게 된 것은 얼마 전 〈대동공보〉에 귀가 번쩍 띄는 소식이 들어왔기 때문이에요. 이토 히로부미가 러시아의 재무대신 코코프체프를 만나러 하얼빈에 온다는 소식이었어요. 왜 만나는지 드러내 놓고 전하지는 않았지만 서로의 이익을 위해 만나는 것이 뻔했지요. 당시 일본과 러시아는 대한제국과 만주, 몽골까지 지배하려고 서로 눈치를 보고 있었으니까요. 〈대동공보〉의 주필을 맡고 있던 이강은 이 소식을 기사로 내보내고, 멀리 있는 안중근에게 전보를 쳤어요.

〈대동공보〉 신문사에 안중근이 도착했을 때는 최재형이 와 있었어요. 최재형은 〈대동공보〉를 펴내는 데 크게 후원을 한 사람이에요. 그는 아무 말 없이 안중근에게 신문을 내밀었어요. 이토가 하얼빈에 온다는 기사가 바로 보였어요. 안중근은 기사를 보자마자 주먹을 불끈 쥐었어요.

"이건 하늘이 준 기회요! 이 기회에 반드시 이토를 죽여야 하오. 내가 꼭 이토를 포살˚하겠소!"

안중근은 이토를 포살하는 게 대한 의군으로서 꼭 해야 할 일이라고 여겼어요. 일본인 이토는 우리나라를 통째로 삼키려고 노리는 사람들의 우두머리니까요.

저들은 대한제국의 외교권을 빼앗고 자유마저 앗아갔어요. 황제를 마음대로 내쫓고 군대마저 흩뜨려 없앴어요. 대한인들은 헐벗고 굶주렸어요. 힘도 자유도 없어 노예나 마찬가지가

˚포살 총으로 쏘아 죽임

됐지요. 저들은 나라를 돌려달라고 외치는 사람들에게 총칼을 앞세우며 윽박질렀어요. 얼마나 심하게 옥죄던지 조상 대대로 살던 땅을 떠나는 사람들도 있었어요. 상해로, 블라디보스토크로, 하얼빈으로 피눈물을 흘리며 삶의 터전을 옮겨 가기도 했어요.

나라의 앞날을 위해 이토를 포살하는 일은 안중근에게 꼭 해야 하는 일이었어요. 물론 이토 포살 계획을 두고 다른 의견을 내놓는 사람도 있었어요.

"이토가 없어진다 해도 제2, 제3의 이토가 얼마든지 나올 거요. 이토 포살은 오히려 저들한테 어떤 구실을 줄지도 모르오. 헤이그에 밀사를 보낸 일로 고종 황제가 내밀린 일을 생각해 봅시다. 고종 황제는 우리 외교권을 빼앗은 일본을 세계에 고발하려고, 네덜란드 헤이그에서 열린 만국평화회의에 특사를 보냈소. 하지만 아무 소용이 없었지 않소. 오히려 그 일로 놈들이 고종 황제를 황제 자리에서 내쫓고 우리 군대마저 흩어 놓지 않았냐 말이오."

안중근은 고개를 저었어요.

"고종 황제께서 그리 되신 것은 밀사를 보냈기 때문이 아니오. 그건 구실일 뿐이오. 운요호 사건*을 생각해 보시오. 저들은 군함 운요호를 타고 강화도에 쳐들어올 때부터 총칼을 앞세웠소. 우리나라를 통째로 삼키려고 마음먹은 자들이오. 대한 의군 참모중장으로서 나는 반드시 이토를 포살하겠소! 그것은 독립의 씨앗을 심는 일이오! 그러면 지금 당장 나라를 빼앗긴다 하더라도 다음 세대, 그다음 세대에서 언젠가는 반드시 독립의 열망이 싹을 틔울 거요. 만약 이토를 그냥 살려 둔다면 우리나라는 아무런 뜻도 의지도 없이 세상에서 없어지는 나라가 되고 말 거요."

안중근은 이토를 포살하겠다고 스스로 나섰어요. 하지만 근심 어린 말이 또 나왔어요.

"이 일로 우리는 안 동지를 잃을 수도 있소."

"의로운 일로 죽는 것은 영원히 사는 것과 같소."

이강은 안중근의 뜻이 굳세다는 것을 알고 그를 뜨겁게 안았어요.

안중근은 이 일을 해내는 데 딱 맞는 사람이었어요. 총을 쏘았다 하면 백발백중인데다 바위처럼 굳은 의지를 갖고 있었지요. 게다가 안중근은 대한 의군 참모중장 겸 특파 독립대장이

운요호 사건 일본은 조선에 쳐들어올 틈을 엿보다가 1875년, 뱃길을 잰다는 구실을 대며 군함 운요호를 타고 강화도에 불법으로 쳐들어왔습니다. 강화해협을 지키던 조선 수비병이 이를 막으려고 포를 쏘아 공격을 하자, 그들은 기다렸다는 듯 마구 공격을 되퍼부었습니다. 게다가 이 일을 사죄하라고 밀어붙이며, 불평등 조약인 강화도 조약을 맺을 것을 강요했습니다.

었어요. 의병 300명을 이끌고 두만강을 건너가 두만강 근처 경흥 땅에서 일본 경찰서를 부순 일도 있었어요. 회령에서는 죽음을 무릅쓰고 일본 수비군과 전투를 치르기도 했지요.

1909년 3월에는 나라를 구하겠다는 마음을 굳게 먹고, 동지 11명과 동의단지회를 맺고 왼손 무명지 한 마디를 잘랐어요. 그때 흘린 피로 태극기 귀퉁이에 '대한독립'이라는 네 글자를 썼어요. 하늘과 땅에 피로써 맹세한 거예요.

당시 대동공보 사의 사장이던 유진율은 안중근을 북돋아 주었어요.

"이번 일을 하는 데 필요한 준비는 대동공보 사에서 하겠습니다."

변호사면서 한때 〈대동공보〉의 러시아 발행인이었던 미하일로프도 힘을 실어 줬어요. 미하일로프는 독립운동에 매번 자신의 일처럼 나섰어요.

"뒷일은 걱정하지 마시오. 내가 반드시 무죄를 이끌어 내겠소."

우덕순도 결연하게 말했어요.

"나도 안 동지와 함께하겠소."

미하일로프 1908년 〈대동공보〉를 발행할 당시, 러시아 국적의 사람이 필요할 때 나서 준 사람이에요. 최재형과 잘 알고 지내던 사이거든요. 신문사의 주필을 맡은 유진율은 자신과 미하일로프의 신분증명서를 연해주 군지사에게 보내 신문 발행을 허락받았어요. 이듬해에는 유진율이 러시아 국적을 받아 발행인 이름을 바꾸게 되었지요.

우덕순은 담배를 팔러 다니며 〈대동공보〉 신문값을 받는 회계 일을 하고 있었어요. 그러다 이토를 포살할 계획과 도울 사람이 필요하다는 말을 듣고 바로 나선 거예요. 우덕순은 전부터 안중근이 믿던 사람이에요. 나이도 같고 대한 의군으로서 안중근과 함께 러시아 연해주까지 가서 용감하게 싸운 전쟁터의 동지였지요.

준비를 마친 안중근은 1909년 10월 21일, 블라디보스토크에서 기차를 탔어요. 값이 싼 우편열차의 3등 좌석에 탔지요. 경비를 아껴야 하니까요. 우덕순은 다음 역인 포시에트 역에서 안중근이 탄 기차를 탔어요. 대동공보 사의 유진율과 이강은 그다음 역에서 안중근과 우덕순을 기다렸어요. 인사를 나누면서 새로 준비한 코트 두 벌과 총을 건네려는 거예요.

"이토를 환영하러 역에 나가는 사람들은 다 뽐내어 입고들 갈 걸세. 그러니 우리 안 동지와 우 동지의 복장이 너무 허름하면 군인들 눈에 띌 수도 있을 걸세."

유진율의 말에 이강이 맞장구를 쳤어요.

"맞습니다. 새 옷 마련하기를 잘한 것 같습니다. 허름한 옷을 입는다면 바로 눈에 띄게 될 것입니다."

"총은 이미 가지고 있을 테지?"

"네 그렇습니다. 만약을 대비하여 총알을 더 준비해 둔 것입니다."

이강의 말에 유진율은 고개를 끄덕였어요. 돈 100원과 권총 두 자루를 겨우 마련한 터라 그것만으로는 하얼빈까지 가는 기찻삯과 숙소 비용을 대기도 어려웠지요. 여비도 넉넉하게 마련하고 더 많은 것을 준비해 주고 싶었지만, 형편이 어려워 더 해 줄 수 있는 게 없었어요. 나머지 비용은 안중근이 스스로 구했어요. 도움을 준 사람이 나중에 곤란하게 될까 봐 강제로 빼앗은 것처럼 꾸미기까지 하면서요.

기차가 역으로 들어왔어요. 유진율과 이강은 안중근과 우덕순이 탄 칸으로 뛰어올라 갔어요. 그리고 새 코트 두 벌을 내밀었어요.

"이보게들, 이걸 입게나. 추위를 막을 수 있을 걸세. 사람들 눈에도 덜 뜨일 테고."

안중근과 우덕순은 코트를 받아 들었어요. 이강은 준비한 총

알을 재빨리 건넸어요.

"총알 끝에 열십자(十)로 홈을 낸 총알이오. 정확히 맞기만 하면 확실하게 효과가 있을 거요."

안중근은 남들 눈에 띄지 않게 얼른 총알을 받았어요. 기차가 곧 출발할 기세여서 서둘러야 했어요.

이번 일은 정말 목숨을 걸어야 하는 일이에요. 미하일로프는 무죄를 받아 내겠다고 큰소리쳤지만 그건 장담할 수 없었지요. 유진율과 이강은 안중근과 우덕순에게 고맙기도 하고 미안하기도 했어요. 유진율은 아들뻘 되는 이들을 보내며 자꾸만 목이 메었어요. 생때같은 자식을 죽음의 땅에 보내는 심정이었지요.

"지금 삼천리강산을 너희가 등에 지고 간다!"

유진율은 고개를 돌려 눈물을 훔쳤어요. 이강도 형제 같은 이들을 보내며 눈물이 났어요. 하지만 서로 등을 토닥여 줄 시간도 없었지요. 기차가 움직이고 있었거든요.

서둘러 내린 유진율과 이강은 마음이 무거웠어요. 그저 이번 일이 꼭 성공하기를, 길 떠나는 저들이 무사하기를 간절히 빌 뿐이었어요.

기차 안에서 안중근은 허리를 곧추세웠어요. 이번 일을 꼭 성공하겠다는 굳은 다짐을 하며 어깨도 활짝 펴고 마음을 가다듬었어요. 유진율의 말대로 삼천리강산을 등에 지려면 기개가 반듯해야 하니까요.

안중근과 우덕순은 기차표를 사기 전에 여러 가지를 생각했어요.

"우 동지, 수분하에서는 세관 검색을 받아야 하오."

"그렇소, 안 동지. 아무래도 2등 차표가 3등 차표보다 검사가 덜 까다로울 거요."

"소리령까지는 3등 차표로 가고, 소리령에서 수분하까지는 2등 차표로 갑시다."

그들이 지나는 수분하는 국경 지역이었어요. 비용을 아끼기 위해 수분하 근처인 소리령까지는 싼 3등 차표를, 국경 지역인 수분하까지는 2등 차표를 산 거예요.

이 예상은 그대로 맞았어요. 안중근과 우덕순은 비싸게 산 2등 차표 덕분에 검사를 쉽게 통과했지요. 그런 다음 수분하에서 유동하를 만나 함께 김성백의 집까지 왔던 거예요.

세 사람은 김성백의 아내가 차려 준 아침을 달게 먹었어요. 안중근 일행은 감사의 인사를 하고 하얼빈 시내로 나갔어요. 길도 익히고 계획도 따져 봐야 하니까요.

그때 이발소가 눈에 띄었어요.

"여기서 머리를 깎고 갑시다."

"머리를요?"

유동하는 안중근의 말이 무슨 말인지 의아했어요. 하지만 우덕순은 고개를 끄덕이며 유동하를 안으로 이끌었지요.

"자, 들어가세나."

이토를 겨누기 위해서는 일본 사람처럼 보여야 했어요. 그래서 머리를 짧게 깎으려는 거였지요. 코트 안에 갖춰 입을 양복도 샀어요. 좋은 옷을 입고 싶어서 그런 것이 아니라 이토를 환영하는 무리에서 튀지 않으려는 거였어요. 겨누기도 전에 체포된다면 모든 게 헛수고가 될 테니까요.

"저기 사진관이 있소. 함께 사진을 찍어 둡시다."

독립운동을 하는 사람들은 큰일을 앞두고 사진을 찍었어요. 앞으로 어떤 일이 닥칠지 모를 운명이니 마지막이라는 생각으로 기록을 남기는 거예요. 안중근, 우덕순, 유동하도 나란히

사진을 찍었어요.

　오후에는 〈대동공보〉 하얼빈 지국에서 일을 맡고 있는 김형재를 만났어요. 김형재는 독립운동을 하는 사람들과 함께 학교를 세우고 가르치는 일도 하고 있었어요. 하얼빈에서 오래 산 동지이니, 이야기를 나누다 보면 새로운 정보를 얻을 수 있을 것이라 생각한 거예요. 김형재가 세 사람을 반갑게 맞으며 물었어요.

　"안 동지, 여기까지 어떻게 오셨소? 무슨 일이라도 있으신 거요?"

　"아니오, 김 동지. 가족이 오기로 되어 있어서 마중하러 왔소이다."

　안중근은 이토 포살 계획을 말하지는 않았어요. 여러 사람이 알게 되면 어디선가 새어 나갈 수 있잖아요. 혹여나 나중에 조사라도 받게 되면 미리 알고 있었던 것 때문에 더 무거운 벌을 받을 수도 있으니까요. 서로 뜻이 맞고, 나라를 위해 애쓰는 사이라 해도 조심했어요.

　사실 가족 마중은 아주 틀린 말도 아니었어요. 러시아에서 일을 하고 있는 안중근의 고향 친구 정대호가 가족을 데리러

고향인 진남포에 갔거든요. 안중근은 그에게 부탁을 해 놓은 참이었어요. 자신의 아내와 아이들도 함께 데려와 달라고요.

"우 동지, 자네는 무슨 일로 오셨소?"

"나야 신문값 받으러 왔지요."

당시 우덕순이 하던 일은 〈대동공보〉 신문값을 받는 일이어서 자연스러운 구실이 되었지요.

이런저런 이야기를 나누다 보니 자연스레 이토 이야기로 흘러갔어요. 그런데 하얼빈에서 발행되는 중국 신문 〈원동보〉에 이런 기사가 실렸다는 거예요.

'한국 통감이었던 이토 히로부미가 특별 열차를 타고 25일 오후 11시에 관성자 역을 출발하여 하얼빈으로 향한다.'

바로 찾던 소식이었어요. 관성자라면 하얼빈에서 10시간 40분이 걸리는 곳이에요. 안중근은 시간을 따져 봤어요.

'그렇다면 그 자가 하얼빈에 도착하는 건 10월 26일 오전 9시 40분이라는 말이군.'

모레가 바로 그날이었어요.

일행은 김성백의 집으로 돌아왔어요. 앞으로 할 일을 정리하다 보니 아무래도 돈이 부족해 보였어요. 관성자에 다녀올 수 있을 정도의 왕복 기찻삯과 며칠 머무를 숙소 비용이 더 있으면 좋을 듯했어요. 50원 정도만 더 있으면 될 것 같았지요.

안중근은 유동하를 불렀어요.

"자네 사돈 되실 김성백 선생께 50원을 빌릴 수 있겠나? 머지않아 곧 갚겠네. 내가 혹시 못 갚게 되면 대동공보 사에서 갚아 줄 걸세. 얼마를 빌렸는지 내가 글로 써서 주겠네. 나중에 틀림없이 돌려받을 수 있게 말일세."

"네, 알겠습니다."

하지만 김성백을 찾아갔던 유동하는 빈손으로 돌아왔어요.

"지금 댁에 안 계십니다."

"음, 알겠네."

부족하나마 아껴 쓰는 수밖에 없었어요. 이런저런 생각에 잠이 올 것 같지 않은 밤이었어요. 뒤척이던 안중근은 시를 한 수 쓰기로 했어요. 처음에 한자로 쓰고, 다시 한글로 써 내려갔어요.

우덕순도 잠을 못 이루기는 마찬가지였어요.

"안 동지, 무엇을 쓰셨소?"

안중근은 우덕순에게 쓴 것을 보여 줬어요. 제목도 없이 '장

부처세'라는 글로 시작하는 시였어요. 안중근이 지금 어떤 마음인지, 앞으로 할 일이 어떤 일인지, 어떤 마음으로 그 일을 하려는지, 짧은 시에 잘 나타나 있었어요.

우덕순은 고개를 끄덕이며 읽더니 자신도 종이 앞에 앉았어요. 답 시를 쓰려는 거예요.

공기에 무게가 있는 것처럼 사방을 무겁게 누르는 밤이었어요.

하얼빈 셋째 날 **1909년 10월 24일**
하얼빈에서 채가구로

안중근과 우덕순은 아침 일찍 하얼빈 공원으로 갔어요. 통역이 필요할 때만 유동하의 도움을 받고 나머지는 두 사람이 알아서 하려는 거예요. 그렇게 해야 나중에 재판을 받게 되더라도 유동하에게 해가 덜 갈 테니까요.

사람이 뜸한 곳에서 두 사람은 머리를 맞대고 계획을 검토했어요.

"우 동지, 이토가 관성자에서 기차를 타고 하얼빈으로 오는데, 이토를 포살하기에 관성자와 하얼빈 중에 과연 어느 쪽이 더 유리할 것 같소? 관성자는 일본 사람들이 관리하고 있고,

하얼빈은 러시아 사람들이 관리하고 있소. 내 생각에는 아무래도 관성자보다는 하얼빈의 감시가 더 심할 것 같소. 하얼빈 역이 크기도 하고 이토의 목적지이기도 하니 말이오. 그러니 감시가 조금이라도 덜한 관성자로 가는 게 좋지 않겠소?"

"내 생각도 안 동지와 같소."

계획을 바꾼 두 사람은 새로 통역할 사람을 찾았어요. 새 통역은 러시아에서 오래 산 조도선이라는 사람이었어요. 조도선은 안중근과 우덕순을 반갑게 맞았어요.

"어서들 오시오."

"조 동지, 우리는 손님을 맞으러 남쪽으로 가고 있소. 그런데 러시아 말이 통하지 않으니 불편하기 짝이 없소이다. 같이 좀

가 주시겠소?"

 이 말은 사실 암호였어요. 조도선은 암호를 바로 알아들었어요. 7인 동맹을 함께한 사람이었으니까요. 조도선은 조금도 망설이지 않았어요.

 "아무렴요, 같이 가고 말고요."

 "고맙소, 조 동지!"

 "아니오, 당연한 일이오."

 안중근, 우덕순, 조도선은 다시 역으로 갔어요. 그런데 여비가 부족했어요. 관성자까지 가는 기차표를 살 수 없었어요. 어쩔 수 없이 관성자 전에 있는 채가구 역까지 가는 표를 샀어요. 채가구는 하얼빈에서 가장 가까우면서 관성자에서 오는 기차와 만나는 교차역이었지요.

안중근은 유동하와 헤어지며 손을 꼭 잡았어요.

"이제 우리는 채가구로 떠나네. 자네는 여기 남아 이토가 어찌 움직이는지 소식을 알아보고 채가구로 전보를 쳐 주게."

"네 알겠습니다."

"하지만 소식을 알려고 사람들에게 일일이 묻지는 말게. 혹시 의심받을 수도 있으니 말이네."

유동하는 일행과 헤어지며 목에 뜨거운 것이 올라왔어요. 그들을 편하게 보는 마지막 순간일지도 모른다는 생각을 한 거예요.

세 사람은 채가구로 가는 기차를 탔어요. 세 시간을 달려 도착한 채가구는 아주 작은 역이었어요. 머물 숙소를 구할 수도 없었어요. 역으로 쓰는 건물의 아래층 반지하에 조그만 가게가 있는 정도였어요. 러시아 말을 하는 조도선이 가게로 들어가 물었어요.

"당신이 가게 주인이오?"

"그렇소만."

"여기 우리 일행 세 명이 머물 만한 곳이 있겠소?"

"우리 가족이 자는 방 말고는 방이 없소이다."

"그 방에서라도 우리를 좀 재워 줄 수 있겠소?"

가게 주인은 일행의 차림새를 살피더니 심드렁하게 대답했어요.

"정 그러시다면."

어쨌든 잠잘 곳을 마련했으니 이제 기차가 다니는 시간을 살펴야 했어요. 일행은 역무원이 있는 곳으로 갔어요. 조도선이 역무원에게 물으니 자세히 알려 줬어요.

"하루에 세 번 기차가 다닌다고 하오. 그런데 오늘은 특별 열차가 하얼빈에서 관성자로 가 일본 대신인 이토를 태워 올 거라 하오. 이곳에는 모레 아침 6시에 도착할 거라 하오."

안중근은 이 말을 전해 듣고 속으로 반가웠어요.

'이거야말로 정확한 소식이군.'

안중근은 하얼빈에 있는 유동하에게 전보를 쳤어요.

'채가구 도착함. 무슨 일 있으면 바로 연락 바람.'

저녁 무렵에는 유동하한테서도 전보가 왔어요.

'내일 아침 도착함.'

안중근은 유동하의 전보를 보고 고개를 갸웃거렸어요. 알고 있는 날짜와 달랐거든요. 여기서 듣기로는 내일이 아니라 모레 이토가 하얼빈에 도착한다고 했으니까요.

'이게 어찌된 일이지? 모레 아침이 아니라 내일 아침이라고? 여기 역무원이 잘못 알려 준 걸까? 아니면 동하가 잘못 알고 있는 것일까?'

안중근은 유동하의 전보 때문에 혼란스러웠어요.

'둘 중 하나는 잘못된 정보인데……. 아무래도 역무원의 정보가 더 확실하겠지.'

안중근은 유동하의 전보가 사실과 다를 거라고 결론을 내렸어요. 유동하에게 정보 때문에 일일이 캐묻지 말라고 따로 부탁까지 했으니, 들리는 소식을 미처 확인해 보지 못하고 전했을 수 있다고 생각한 거지요.

그날 밤 안중근 일행은 특별 열차가 채가구 역을 지나가는 걸 봤어요. 역무원이 말한 대로 하얼빈을 떠나 관성자로 가는 기차였어요.

'관성자에서 이토를 태우고 다시 채가구로 오겠군.'

이치로 따지면 맞는 것처럼 보이지만 무언가 찜찜했어요. 안중근은 다시 한번 계획을 따져 봤어요.

'이토가 모레 아침 6시에 이곳 채가구를 지나는 것은 확실해. 그런데, 이토가 채가구 역에서 내리지 않고 그냥 지나간다면? 역에서 내린다 해도 이토를 분간할 수 있을까? 아침 6시면 아직 날이 밝기도 전이라 사람을 알아보기가 어려울 텐데. 어찌하면 좋을까?'

이토 얼굴은 신문에서 본 게 전부였어요. 그러니 어두운 새벽에 누가 누군지 알 수 있겠어요? 무엇보다 주변을 지키는 경계가 엄했어요. 경비병도 생각했던 것보다 훨씬 많았어요. 걸리는 게 한두 가지가 아니었지요. 머릿속이 복잡한 채로 밤이 깊었어요.

하얼빈 넷째 날 1909년 10월 25일
채가구에서 다시 하얼빈으로

날이 밝자 안중근 일행은 다시 머리를 맞대고 계획을 따져 봤어요.

"내일 새벽 이토는 이 역에서 내리지 않을 수도 있소. 내린다 해도 날이 어두워 포살이 쉽지 않을 거요."

안중근의 말에 우덕순, 조도선도 고개를 끄덕였어요.

"그럼 어찌하면 좋겠소?"

잠시 생각을 하던 안중근이 다시 입을 열었어요.

"우 동지는 여기서 기회를 보아 거사가 가능하다면 하시오. 나는 아무래도 하얼빈으로 다시 가야겠소. 하얼빈에서 기다리다가 만약 적이 살아 하얼빈에 나타난다면 반드시 포살하겠소!"

"좋소. 그리 합시다!"

일행은 서로 굳게 손을 잡았어요. 마지막 남은 돈으로 하얼빈으로 가는 기차표 한 장을 겨우 살 수 있었어요. 안중근은 12시 기차를 타고 채가구에서 다시 하얼빈으로 갔어요.

우덕순과 조도선은 채가구에 남아 숙소 안에서 꼼짝도 안 했어요. 일을 시작하기도 전에 경비병에게 잡히면 모두 헛일이 될 테니까요. 역 주위에는 벌써 경비병들이 꽤 많았어요.

한편 이토는 25일 밤 11시에 관성자를 출발했어요. 채가구를 거쳐 하얼빈으로 가는 거예요. 채가구에서는 우덕순과 조도선이, 하얼빈에서는 안중근이 이토를 기다리고 있었어요.

하얼빈 다섯째 날 1909년 10월 26일
코레아 우라

채가구에 남아 역사 반지하에서 밤을 보낸 우덕순은 새벽에 눈을 떴어요. 소변을 보려고 나가려는데 방문이 열리지 않았어요. 밖에서 문이 잠겨 있었어요.

'아, 무언가 잘못됐구나!'

우덕순은 가슴이 쿵 내려앉았어요. 창으로 내다보니 밖에는 보초를 서는 군인들이 잔뜩 있었지요.

기차 일정을 말해 준 역무원이 신고를 한 거예요. 그는 안중근 일행을 눈여겨봤어요. 이토를 환영하는 사람들처럼 보이지도 않고, 평범하게 여행을 하는 것 같지도 않자 수상하게 여겼

던 거지요. 숙소 주인은 방문을 자물쇠로 잠그라는 명령을 따라 그리한 거였어요.

다행히도 안중근은 이미 하얼빈으로 떠난 뒤였지만, 우덕순과 조도선은 꼼짝없이 갇힌 신세가 됐어요. 그때 기차 울음소리가 났어요.

"빵 빠앙—!"

아침 6시, 이토를 태우고 하얼빈으로 가는 기차였어요. 우덕순과 조도선은 한탄하며 마음속으로 빌었어요.

'안 동지, 우리는 여기서 거사를 시도조차 못 하고 말았소. 부디 하얼빈 역에서 안 동지가 이토를 포살해 주시오!'

하얼빈에 돌아간 안중근은 채가구에서 일어난 일을 알지 못했어요. 하지만 채가구에서 이토를 포살하지 못했을 경우를 대비하여 하얼빈 역으로 간 것이니, 계획한 대로 차분하게 다음 날을 준비했지요.

김성백의 집에서 밤을 지낸 안중근은 아침 일찍 일어났어요.

'우 동지와 조 동지가 채가구에서 이토를 저격하지 못한 게 틀림없어. 만약 일을 성공했다면 관련된 사람들을 잡아들인다

고 여기도 떠들썩해졌겠지.'

 안중근은 옷을 갈아입었어요. 양복을 입고 유진율과 이강이 기차에서 건네준 코트도 입었어요. 포살에 쓸 권총을 손수건으로 잘 닦고 탄 구멍에 탄알도 넣었어요. 이강이 준 열십자로 홈이 파인 탄알이었어요. 권총은 브라우닝식이라고 부르는 것으로 여덟 발을 연달아 쏠 수 있는 권총이었어요. 안중근은 옷 속주머니에 총을 조심스럽게 넣었어요. 그동안 수도 없이 연습하고 상상하던 장면이었어요.

 마침내 안중근은 밖으로 나섰어요. 역시 김성백의 집에 머물고 있던 유동하는 미리 나와 마차를 잡았지요. 마차를 타고 하얼빈 역에 가니 아침 7시였어요. 역은 사람들로 가득했어요.

 "저리 비키시오!"

 "이쪽은 못 다니오!"

 이토 환영 준비를 하는 러시아 장교와 경찰, 군인들이 사방으로 뛰어다녔어요.

 안중근은 유동하에게 말했어요.

 "동하 군, 그동안 수고 많았네. 여기 경비가 빈틈이 없어 보이니, 잘못하다가는 자네마저 위험에 빠질 수 있네. 그러니 자네는 지금 바로 집으로 돌아가게. 그리고 다시 한번 부탁하겠네. 혹시 무슨 일이 생기거든 자네는 아무것도 모른다고 하게."

유동하는 혼자 돌아가고 싶지 않았어요. 무언가 도울 일을 찾아서 함께 있고 싶었어요.

"저도 함께……."

하지만 유동하는 하려던 말을 삼킨 채 떨어지지 않는 발을 돌렸어요.

'안 선생님! 부디 거사를 성공하시길 빕니다!'

유동하는 속으로만 부탁했어요. 눈물이 날 것 같아 얼른 고개를 돌렸지요. 거사란 말을 서로 입에 올리지는 않지만 유동하도 다 아는 일이었어요.

바삐 움직이는 러시아 군인들 틈에서 일본 사람들 무리가 역 안으로 들어갔어요. 이토를 환영하러 가는 사람들이지요. 안중근도 그 무리에 끼어 역 대합실로 들어갔어요. 아무도 안중근을 막지 않았어요. 일본 영사관˙에서 러시아 군대에 미리 요청을 한 게 있었어요. 일본 사람은 역에 다 들여보내고, 유럽 사람과 중국 사람은 들여보내지 말라는 거였지요. 하지만 러

영사관 외국에 있으면서 자기네 나라 국민을 위해 일하는 기관

시아 군인들은 안중근을 가려내지 못했어요. 생김새로 어느 나라 사람인지 알아내기도 어려운 데다 양복을 입고, 머리를 짧게 잘라서 일본 사람처럼 보였거든요.

안중근은 일등 대합실 입구에서 가장 가까운 찻집에 들어갔어요. 그리고 바깥이 잘 내다보이는 자리에 앉아 차를 마시면서 때를 기다렸어요.

드디어 아침 9시가 됐어요. 초록색 특별 귀빈 열차가 역으로 미끄러져 들어왔어요. 일본 사람들은 일장기를 흔들어 대며 소리쳤어요.

"환영합니다! 환영합니다!"

러시아 병사들과 청나라 병사 의장대는 몸짓을 딱딱 맞춰, 마치 한 사람이 하듯 한꺼번에 경례를 했어요. "받들어 총!" 소리가 우렁차게 나더니 이어서 군악대의 환영 연주가 울려 퍼졌어요. 노랑머리 러시아 병사, 길게 딴 머리의 청나라 병사, 기모노나 양복을 입은 일본 사람들이 다 함께 환영을 했어요.

덩치가 큰 러시아 재무대신 코코프체프가 이토를 맞으러 기차로 올라갔어요. 얼마 안 있어 기차에서 사람들이 내려왔어요. 일본 사람 몇 명이 러시아 관리의 호위를 받으며 움직였어

요. 그중에 맨 앞에 키 작은 노인이 있었지요. 누런 얼굴에 수염이 허옇게 센 것으로 보아 이토 히로부미가 틀림없었어요. 러시아 군악대와 군대, 각 나라 영사 무리, 일본 관민들이 그를 환영했어요. 그는 걷다가 멈추어 환영해 주는 이들과 악수를 나누기도 했지요.

안중근은 분노가 불처럼 치솟아 올랐어요.

'우리나라를 강제로 빼앗고, 사람의 목숨을 함부로 해치고, 강도짓을 하는 자는 조금도 거리낌이 없는데, 죄 없이 어질고 약한 우리나라 사람들은 어려움에 빠져 있구나!'

안중근은 이토를 처단할 가장 좋은 때를 가늠했어요. 이토는 서남쪽으로 가는가 싶더니 다시 돌아 동북쪽으로 걸어갔어요.

'때를 잘 맞춰야 해! 조금 더 기다려야 해!'

안중근은 침착하게 기다렸어요. 이토가 걷는 속도와 자신이 걸어 나갈 속도를 마음속으로 가늠하면서요.

'바로 지금이다!'

안중근은 자리에서 벌떡 일어났어요. 그러고는 뚜벅뚜벅 걸어 플랫폼으로 나갔지요. 너무 빨리 걸어도 안 되고, 너무 천천히 걸어도 안 돼요. 거사를 치르기도 전에 수상하게 보이면

수많은 군인들에게 바로 체포될 테니까요. 안중근은 환영 무리를 헤치고 앞으로 나갈 수 있는 만큼 가까이 갔어요. 이토가 움직이는 곳과 안중근 사이에는 러시아 군대가 늘어서 있었어요. 안중근은 최대한 군대 가까이 가서 맨 뒷줄에 바짝 붙어 섰어요. 그리고 이토를 기다렸어요. 이토가 점점 가까이 오고 있었어요.

드디어 이토가 정면에 왔어요. 그러나 안중근은 총을 꺼내지 않았어요.

'정면에서 총을 겨누면 빤히 보이겠지. 그렇다면 방아쇠를 당기기도 전에 발각될 수도 있어.'

안중근은 또 기다렸어요. 이토가 두세 발자국을 지나갔어요. 안중근과 이토는 이제 열 발짝 남짓 떨어져 있었어요.

'이때다!'

마침내 안중근이 가슴에서 총을 꺼냈어요. 그리고 이토의 옆모습이 보이는 자리에서 옆 가슴을 겨눴어요. 안중근과 이토 사이에는 러시아 병사들이 줄을 맞춰 서 있었어요. 안중근의 행동은 하나하나가 모두 침착하여 한 치의 오차도 없었어요.

'대한 의군의 이름으로 이토 히로부미를 포살한다!'

안중근은 방아쇠를 당겼어요.

"탕! 탕! 탕!"

명중이었어요. 세 발 다 정확히 이토의 몸통을 맞췄지요.

"흐억!"

　이토는 숨을 내쉬지도 마시지도 못한 채 그 자리에 고꾸라졌어요. 바로 옆에 있던 러시아 재무대신 코코프체프 쪽으로 기울면서요.
　안중근은 총알이 나가는 그 순간 생각했어요.
　'나는 이토의 모습을 정확히 모른다. 그저 신문의 사진으로밖에 본 적이 없다. 지금 총에

맞은 자가 이토가 아닐 수도 있다.'

　안중근은 다시 총을 겨누었어요. 쓰러진 사람 바로 곁에 있던 일본인들을 겨눈 거예요. 그리고 네 발을 이어서 쏘았어요. 그들은 이토의 왼쪽에 있던 하얼빈 주재 총영사 가와카미 토시히코, 이토의 오른쪽에 있던 일본 궁내대신 비서관 모리 야스지로, 모리의 곁에 있던 남만철도 주식회사 이사 타나카 세이지로, 남만철도 주식회사 총재 나카무라 제코였어요. 안중근은 이들 이외의 다른 사람은 아무도 겨누지 않았어요. 순식간에 해낸 일이었어요. 조국에 쳐들어와 조국 땅을 짓밟은 원수를 처단한 거예요. 대한 의군 참모중장으로서 임무를 수행한 거지요.

　총소리에 깜짝 놀란 사람들은 넋이 나가 허둥댔어요. 환영하던 무리도 러시아 병사도 청나라 군사도 술렁거렸어요. 안중근만이 홀로 단단한 기둥처럼 우뚝 서 있었어요. 총탄은 아직 한 발 남아 있었지만 더 이상 겨눠야 할 사람은 없었어요. 안중근은 권총을 하늘로 던졌어요. 그리고 러시아 말로 목청껏 외쳤어요.

　"코레아 우라! 코레아 우라! 코레아 우라!"

이 말은 '대한국 만세! 대한국 만세! 대한국 만세!'란 뜻이에요. 당시 하얼빈은 러시아의 영토나 마찬가지였기 때문에 러시아 말로 하여 세계가 알아듣도록 한 거예요. 1909년 10월 26일 오전 9시 30분경이었어요.

하얼빈 역은 아수라장이 됐어요. 안중근은 도망치지 않았어요. 전쟁 중인 군인으로 적의 우두머리를 처단한 것이지, 범죄를 저지른 게 아니기 때문이에요. 뒤늦게 정신을 차린 러시아 헌병들이 달려들었어요. 안중근은 체포되어 하얼빈 역에 있는 러시아 헌병대 파출소로 끌려갔어요.

이토는 즉시 응급처치를 받았어요. 이토와 함께 온 의사도 있었고, 환영을 나왔던 사람 중에도 의사가 있었거든요. 일본 의사 두 명과 러시아 의사가 달려들어 할 수 있는 건 다 했지만 이토는 30분 만에 숨을 거두었어요. 워낙 총상이 깊었기 때문이에요.

채가구 숙소에 갇혀 있던 우덕순과 조도선은 11시경 체포됐어요. 거사가 성공하자 수상한 사람은 모두 잡아들이라는 긴급 명령이 떨어진 거예요. 유동하도 그날 하얼빈에서 체포됐

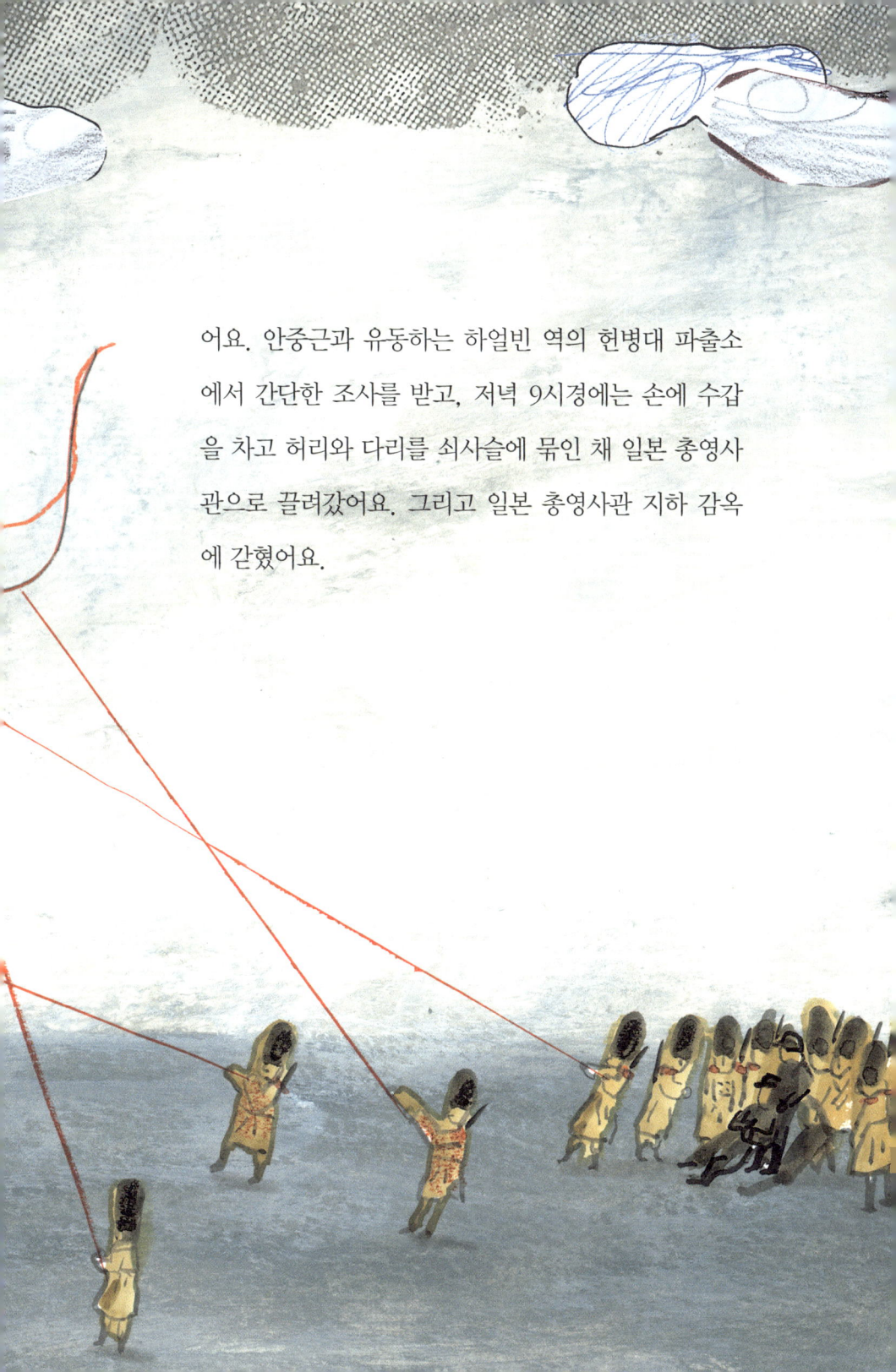

어요. 안중근과 유동하는 하얼빈 역의 헌병대 파출소에서 간단한 조사를 받고, 저녁 9시경에는 손에 수갑을 차고 허리와 다리를 쇠사슬에 묶인 채 일본 총영사관으로 끌려갔어요. 그리고 일본 총영사관 지하 감옥에 갇혔어요.

거사 이후 | 하얼빈 여섯째 날 1909년 10월 27일

안중근의 가족

 러시아 당국에서는 난리가 났어요. 러시아는 일본과의 전쟁에서 지고 난 뒤에 회담을 준비하던 참이었어요. 일본은 대한제국을 삼키는 데 러시아가 눈감아 주기를 바랐고, 더 욕심을 내어 만주 땅을 어떻게 삼킬까 궁리하는 중이었어요. 러시아 또한 만주 땅에 눈독을 들이고 있었지요. 꿍꿍이속을 감추면서 서로 이익을 챙기려던 만남은 시작도 못 한 거예요.

 일본이 이번 일을 트집 잡아 물고 늘어질까 봐 러시아는 걱정이 됐어요. 이토는 일본의 첫 총리였고, 당시 일본에서 천황 다음으로 힘이 센 사람이었거든요.

러시아는 이 사건을 무척이나 떠들썩하게 다뤘어요. 러시아 헌병들은 하얼빈 근처를 샅샅이 다니며 수상쩍다 싶은 사람은 다 잡아들였어요.

안중근이 머물던 김성백의 집에도 헌병이 들이닥쳤지요. 그런데 때마침 김성백의 집에 막 들어서는 한 무리의 사람들이 있었어요. 바로 안중근의 가족과 안중근의 고향 친구 정대호의 가족이었어요. 그들은 멀고 먼 길을 떠나 김성백의 집에 막 들어서는 중이었지요. 정대호가 고향에 가서 가족과 함께 오는 길에 안중근의 부탁대로 그의 아내와 두 아들도 데리고 온 거예요. 헌병은 한 사람 한 사람 쏘아보며 거칠게 물었어요.

"당신은 누구요?"

"난 정대호라고 하오. 청나라의 세관주임을 맡고 있소이다."

"이 사람들은 누구요?"

몰아붙이는 기세가 당장이라도 잡아갈 듯했어요. 정대호는 아무래도 분위기가 이상하여 시간을 좀 끌면서 형편을 알아보려고 했어요.

"그런데 무슨 일로 그러십니까?"

"어제 하얼빈 역에서 '은치 안'이라는 자가 일본에서 온 이토 공작을 총으로 쏘았소."

'은치 안?'

정대호는 그 이름을 입속에서 불러 보다가 깜짝 놀랐어요. '은치 안'은 '응칠 안', 곧 안중근의 어릴 적 이름인 '안응칠'을 말하는 거였어요. 안중근은 태어날 때부터 가슴과 배에 점이 일곱 개 있어서 안응칠이라고 불렸거든요.

"어서 말하시오. 이들이 누구인지!"

헌병이 재촉했어요. 정대호는 정신을 바짝 차렸어요. 사실대로 말을 했다가는 그 자리에서 안중근의 가족을 다 잡아갈 게 뻔했어요. 정대호는 침착하게 둘러댔어요.

"이쪽은 내 어머니, 이쪽은 아내와 여동생, 그리고 사촌 동생입니다. 여기 두 아이는 내 아들이고, 저기 두 아이는 여동생의 아이들입니다."

정대호는 안중근의 아내를 자신의 여동생으로 소개했어요. 헌병들은 잠시 머뭇거렸어요. 하지만 그냥 물러가지 않았어요. 정대호와 정대호의 사촌 동생 서우를 강제로 끌고 가 버린 거예요.

한편 안중근은 지하 감옥에서도 떳떳하고 당당했어요. 대한 의군으로서 해야 할 일을 한 것이니까요. 이번 일을 시작하기 전 대동공보 사에서 사람들이 모였을 때 동지들은 말했어요.
"적을 포살하는 것은 벌이 무겁지가 않소. 만국공법˙도 그러하고 일본의 법도 그러하오."
변호사였던 미하일로프도 거듭 강조했었어요.
"일을 마친 뒤에 재판을 받게 되면 내가 책임지고 무죄를 이끌어 내겠소."
여러 사람이 안전을 약속했지만 직접 총을 지니고 나서는 만큼 안중근, 우덕순이 목숨을 걸어야 한다는 것은 모두가 알고 있었어요.
지하 감옥에서 안중근은 목숨을 잃는 걸 두려워하지 않았어요. 오히려 세계의 신문사 기자들이 모이는 재판정에서 이토의 죄를 낱낱이 밝혀 전 세계에 알리는 게 중요하다고 생각했지요.

만국공법 '국제법'의 전 용어

하얼빈 일곱째 날 1909년 10월 28일
지하 감옥과 일본인 검찰관

　하얼빈의 일본 총영사관 지하 감옥에 일본인 미조부치 타가오가 찾아왔어요. 미조부치는 뤼순에 있는 일본의 관동도독부 고등법원에서 나온 검찰관(검사)이에요. 이번 사건에서 안중근의 담당 검찰관이 되어 하얼빈까지 890킬로미터를 달려온 거예요. 일제가 이렇게 서둘러 검찰관을 보낸 데는 속셈이 있었어요. 당시 법으로 보면, 적을 포살하는 것은 그리 큰 죄가 아니었어요. 무죄를 이끌어 낼 수도 있는 정도였지요. 일본도 이를 잘 알고 있었기 때문에 세상의 여론이 안중근의 편에 서기 전에 자신들 생각대로 안중근을 죄인으로 만들려는 거였어요.

일본 총영사관에서는 안중근의 가족 소식도 캐냈어요. 정대호가 안중근의 가족을 자기 가족이라 속인 것도 알게 됐어요. 그들은 김성백의 집에 머물던 안중근의 가족을 데려가 사진을 찍었어요. 남루한 차림을 한 안중근의 아내와 어린아이들을 신문에 내어 세상 사람들에게 보여 주려는 거였지요. 안중근이 가족도 버리고 부랑자처럼 떠도는 나쁜 사람이라고 소문을 내려는 속셈이었어요. 그래야 죄인으로 몰기가 쉬우니까요.

하얼빈 여덟째 날 1909년 10월 29일
세계가 놀라다

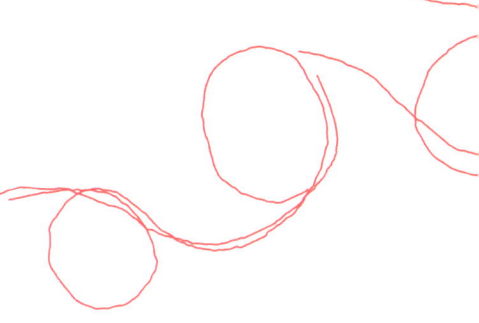

 안중근의 거사에 세계는 깜짝 놀랐어요. 신문들은 이 소식을 각국에 전하느라 바빴어요.

 중국은 이 일을 가장 빠르고 열렬하게 기사로 다뤘어요. 당시 유명했던 중국의 신문 〈시보〉와 〈대공보〉는 계속해서 관련된 일을 보도하고 평론을 냈어요. 당시 중국의 상하이에서 펴내던 〈민우일보〉 등 많은 신문에서 안 의사의 애국적인 일을 높이 평가했어요.

 〈민우일보〉는 이 일을 중요한 역사적 사건으로 다루며 이후에도 백여 편의 기사를 냈어요. 이토의 죄를 폭로하면서 안 의

사의 의거를 크게 선전했고 대한제국 애국 의사들을 높이 찬양했어요. 예를 들어 이런 기사예요.

'대한제국의 안응칠은 죽었지만 안응칠과 같은 의사 수백만 명이 꼭 나타날 것이다.'

대한제국의 영웅들이 계속 나타나 일본 제국주의를 몰아내고 독립하여 자주적인 대한제국을 세울 것이라고 했어요.

중국 근대의 대표 지식인인 양계초는 안 의사의 의거를 보고 '해와 달처럼 빛난다'고 했어요. 안 의사의 재판정에 나가 직접 참관하면서 남긴 48연 96구로 쓴 시에는 이런 표현도 남겼어요.

'시원한 가을바람이 질긴 등나무를 자르다.'

여기서 가을바람은 안중근 의사를 가리키는 것이고, 등나무는 이등박문˚을 말하는 거예요. 양계초는 죽어서도 안 의사의 무덤 곁에 묻히고 싶다고 했을 정도로 최고의 존경심을 나타냈지요.

중국의 혁명 지도자 천두슈는 중국 청년들에게 '안중근이 되어라'고 말하며 안 의사의 정신을 높였어요. 중국의 정치가로 일본과 가까이 지내려고 하던 위안스카이까지도 이런 글을 남

이등박문 이토 히로부미를 한자로 표기한 이름

겼어요.

"안중근의 몸은 조선에 있지만 그 이름은 세계에 떨쳤소. 살아서는 백 살을 못 넘기지만 죽어서는 천 년을 가오리다."

그러나 대한제국의 신문들은 안중근 의사의 거사를 적극적으로 알리지 못했어요. 그저 한두 줄로 다루는 수준이었지요.

〈신한민보〉는 '이등박문 만주에서 피살'이라고 보도했어요. 〈경성신문〉은 '서울에 있는 외교단은 이번 사건에 많은 걱정을 하면서 통감의 집과 통감부를 방문하고 있다.'고 했어요. 일본의 눈치를 보느라 통쾌하게 속마음을 드러내지 못한 거예요.

일본에서는 이 일을 크게 다루기는 했지만 주로 안중근을 나쁘게 평가하는 기사를 썼어요. 〈오사카 마이니치 신문〉은 '이토 공작 암살'로 다루었고, 〈일본 도쿄니치니치 신문〉도 '이토 공작 조난'으로 다루었어요. 특이한 점은 이들 일본 신문이 아시아의 반응을 어느 정도 사실적으로 다루었다는 거예요.

'서유럽 여러 나라들은 이토의 서거에 동정을 표시하지만, 아시아의 여러 나라들은 안중근의 의거를 찬양한다.'라고 보도했지요.

러시아의 〈노와야지즈니 신문〉은 논설에서 '오늘 전 세계는

〈일본 도쿄니치니치 신문〉 〈도쿄마이니치 신문〉의 예전 이름

일본의 정치가가 서거한 슬픈 소식을 전해 받으면서 놀람과 슬픔의 소리에 가득 차 있다.'고 썼어요.

프랑스에서는 '이토가 하얼빈에서 대한국인 손에 죽었다.'라는 소식을 발표한 후 이틀 동안 중요하게 다뤘어요.

하얼빈 아홉째 날 1909년 10월 30일
미조부치 검찰관, 안중근을 우러르다

안중근은 미조부치 타카오 검찰관과 마주 앉았어요. 기록을 남기는 서기관 기시다 아이분은 기록할 준비를 하고 있었지요. 서울 한국 통감부에서 온 통역 소노키 스에요시도 있었어요.

미조부치 타카오는 안중근에게 물어볼 것을 백여 가지나 만들어 왔어요. 안중근은 검찰관이 묻는 말에 분명하고 또렷하게 대답했어요.

"이름이 무엇인가?"

"안응칠이다."

"나이는 몇 살인가?"

"서른한 살이다."

"직업은 무엇인가?"

"사냥꾼이다."

검찰관은 고개를 들어 안중근을 봤어요.

'사냥꾼? 그렇다면 이토 공작이 사냥감이라는 말인가? 이 자가 감히…….'

하지만 안중근은 눈 하나 깜빡하지 않았어요. 미조부치 타가오는 다시 질문을 이어갔어요.

"어디에 사는가?"

"따로 정한 곳이 없다."

"원적은 대한제국 어디인가?"

"평안도 진남포다."

"평소에 적으로 여기는 사람이 있는가?"

"전에는 적으로 여기는 사람이 없었다. 그러나 몇 년 전부터 같은 하늘 아래 함께 살 수 없는 원수로 여기는 사람이 한 사람 있다."

"그게 누구인가?"

"한국 통감을 지낸 이토 히로부미다."

"왜 이토 히로부미 공작을 적으로 여기게 되었는가?"

"이토를 적으로 여기게 된 이유는 무척 많지만 여기에서는 15가지 죄로 말하겠다."

미조부치 타가오는 갸우뚱했어요.

'무슨 말을 하려는 거지?'

안중근은 분명한 목소리로 하나하나 짚어 가며 말했어요.

"첫째, 대한제국의 명성황후를 시해한 죄

둘째, 대한제국 황제를 폐위시킨 죄

셋째, 을사 5조약˚과 정미 7조약˚을 강제로 맺은 죄

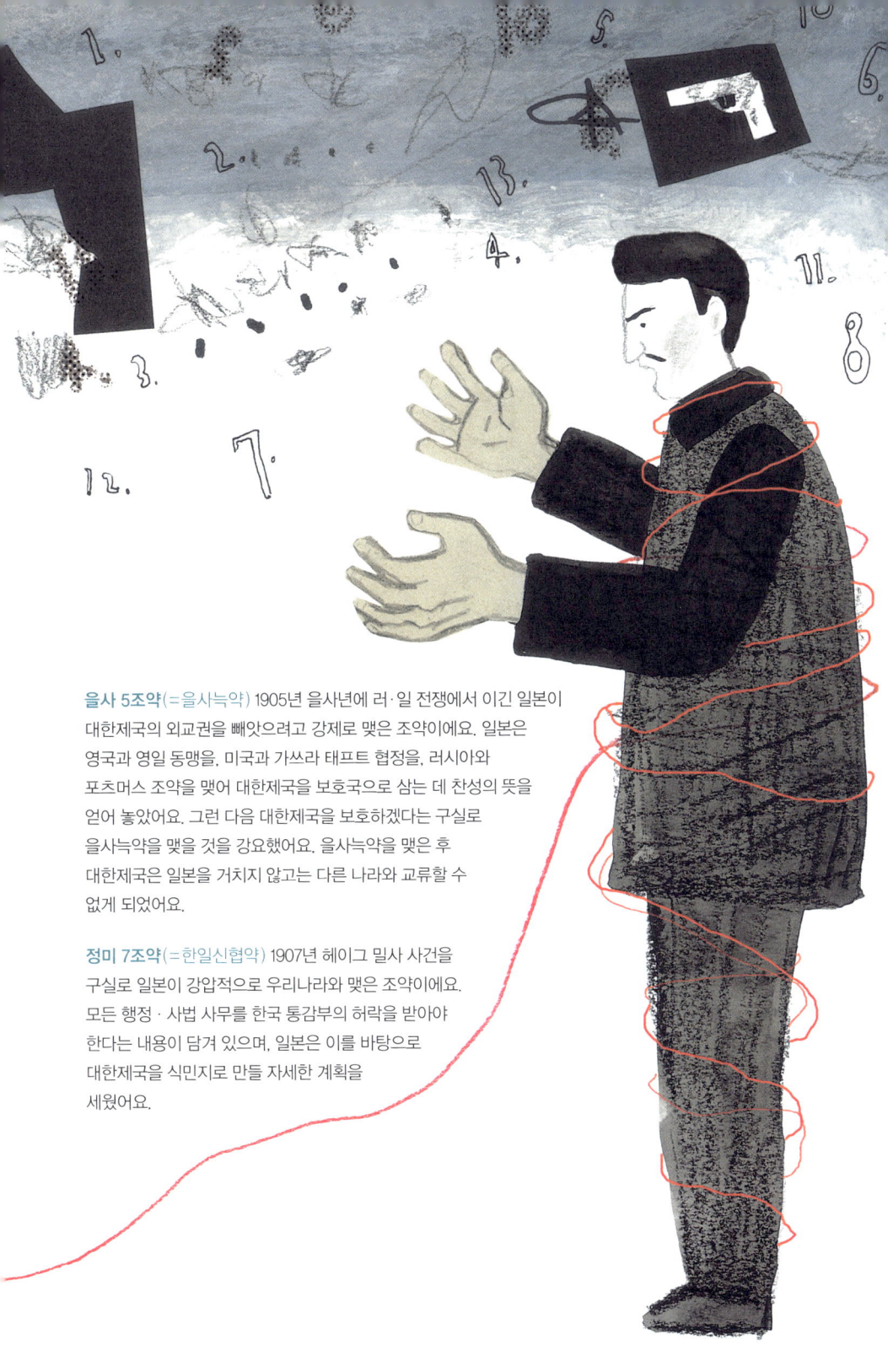

을사 5조약(=을사늑약) 1905년 을사년에 러·일 전쟁에서 이긴 일본이 대한제국의 외교권을 빼앗으려고 강제로 맺은 조약이에요. 일본은 영국과 영일 동맹을, 미국과 가쓰라 태프트 협정을, 러시아와 포츠머스 조약을 맺어 대한제국을 보호국으로 삼는 데 찬성의 뜻을 얻어 놓았어요. 그런 다음 대한제국을 보호하겠다는 구실로 을사늑약을 맺을 것을 강요했어요. 을사늑약을 맺은 후 대한제국은 일본을 거치지 않고는 다른 나라와 교류할 수 없게 되었어요.

정미 7조약(=한일신협약) 1907년 헤이그 밀사 사건을 구실로 일본이 강압적으로 우리나라와 맺은 조약이에요. 모든 행정·사법 사무를 한국 통감부의 허락을 받아야 한다는 내용이 담겨 있으며, 일본은 이를 바탕으로 대한제국을 식민지로 만들 자세한 계획을 세웠어요.

넷째, 무고한 대한제국인들을 학살한 죄

다섯째, 정권을 강제로 빼앗은 죄

여섯째, 철도, 광산, 산림, 하천과 연못을 강제로 빼앗은 죄

일곱째, 제일은행권 지폐를 강제로 사용한 죄

여덟째, 군대를 해산시킨 죄.

아홉째, 교육을 방해한 죄

열째, 대한제국인들의 외국 유학을 금지시킨 죄

열한째, 교과서를 빼앗아 불태워 버린 죄

열두째, 대한제국인이 일본의 보호를 받고자 한다고 세계에 거짓말을 퍼뜨린 죄

열셋째, 현재 대한제국과 일본 사이에 경쟁이 쉬지 않고, 살육이 끊이지 않는데, 대한제국이 태평무사한 것처럼 위로 천황을 속인 죄

열넷째, 동양 평화를 깨뜨린 죄

열다섯째, 일본 천황의 아버지 태황제를 죽인 죄다."

안중근이 말을 마치자 미조부치 타가오는 입이 다물어지지 않았어요. 미조부치 타가오가 검찰관이 아니라 마치 변호사처럼 말했어요.

"당신의 말을 들으니 당신이야말로 진정 동양의 의인이 틀림없는 것 같소. 의인이 한 의거가 사형을 받는다는 법은 없습니다. 그러니 걱정하지 마십시오."

마치 안중근의 편인 듯 말하는 검찰관의 태도에도 안중근은 조금도 흔들리지 않았어요.

"내가 죽고 사는 것은 따질 것 없소. 그러니 내 뜻이나 어서 일본 천황에게 알려 주시오. 그리하여 하루라도 빨리 이토의 옳지 못한 정치 책략을 고치기 바라오. 그래야 동양의 위급한 상태를 바로잡을 수 있게 될 것이니 그것만을 간절히 바랄 뿐이오."

안중근의 말은 마치 어른이 아이를 타일러 가르치는 것 같았어요. 삶과 죽음을 뛰어넘어 어떤 경지에 있는 사람만이 할 수 있는 말이었지요.

미조부치 검찰관은 옥에 갇혀 있던 다른 동지들에 대해서도 물었어요.

"우덕순을 아시오?"

"모르오."

"유경하를 아시오?"

유동하는 하얼빈에서 체포되었을 때 자기의 이름을 감추기 위해 일부러 '유경하'라고 바꿔 말했어요. 조사받을 때 신분을 감출 생각으로 이름을 바꿔 말한 것으로 미루어 짐작할 수 있어요.

"모르오."

"조도선을 아시오?"

"모르오."

안중근은 아무도 모른다고 했어요. 심지어 부모도 없고, 아내와 자식도 없다고 했지요. 혹시 연결이 되어 벌을 받게 될지도 모르니까요. 자신 말고는 아무도 다치지 않길 바란 거예요. 혼자서 모든 책임을 지려는 뜻이었지요.

하얼빈 열째 날 1909년 10월 31일
동지들 조사받다

　미조부치 타가오 검찰관은 일본 총영사관 지하실 감옥 고문실에서 이번 일과 관련된 사람들을 조사했어요. 우덕순, 조도선, 유동하 등은 특히 주의 깊게 조사했어요.
　이날 대한제국에서는 대성학교를 세운 안창호가 붙잡혀 갔어요. 안창호는 안중근이 이번에 한 일과 사실 아무런 관계가 없었어요. 일본 경찰도 그걸 알고 있었지만 어떻게 해서든 안창호가 독립운동을 못 하게 손발을 묶어 두려고 했지요. 그들은 조사를 한다는 구실로 안창호를 몇 달 동안이나 감옥에 가두었어요. 모진 고문도 서슴지 않았지요.

하얼빈 열하룻날 1909년 11월 1일
뤼순 감옥으로

 안중근 의사는 일본총영사관 지하실 감옥에서 엿새 밤 이레 날을 보냈어요. 그다음에 몸이 묶인 채로 오전 11시 25분 기차를 타고 뤼순 감옥으로 끌려갔어요. 함께 끌려간 이들은 우덕순, 조도선, 유동하, 정대호, 김성옥, 김려수, 김형재, 탁공규까지 모두 아홉 명이에요.

 우덕순은 체포당할 때 권총을 가지고 있었기 때문에 의거를 같이 계획한 사람으로 의심받았어요. 조도선은 우덕순과 함께 있었기 때문에 의심을 받고, 유동하는 안중근에게 전보를 보낸 게 기록으로 남아서 의심을 받았어요. 이들 말고도 안중근과 의거 직전에 만난 사람들은 다 의심을 받았어요. 이렇다 할 증거가 없는 사람들만 겨우 풀려났지요.

  일본 헌병 대위를 포함하여 열두 명의 헌병과 러시아 헌병들은 감옥을 철저히 감시했어요.

하얼빈 의거 이후 뤼순에서 144일 1910년 3월 26일
진짜 승리자

당시 뤼순은 중국에 있지만 일본 땅이나 마찬가지였어요. 일본이 청나라와의 전쟁에서 이긴 뒤에 청나라한테 빌린다는 구실로 떼어 받은 땅이었거든요. 이를 못마땅하게 여긴 러시아가 다른 나라들을 끌어들여 의견을 구하고 다시 뤼순을 빌려 쓰기로 한 것이었지요.

일본은 세상의 눈치를 보다가 러시아와 전쟁을 일으켜 러시아를 이기고 결국 뤼순이 있는 요동반도를 차지했어요. 그래서 당시 일본이 뤼순을 자기네 땅처럼 쓰고 있었던 거예요.

뤼순 감옥에 갇힌 안중근을 위해 변호인 모둠이 크게 꾸려졌

어요. 대한인 변호사는 물론이고 외국인 변호사들도 함께 참여했지요. 그중에는 〈대동공보〉를 펴내던 러시아 발행인 미하일로프도 있었어요. 전에 약속한 대로 변호사 자격으로 재판에 참여하기로 한 거예요. 또 영국인 변호사 더글러스도 변호인 모둠에 함께했어요. 민영익, 민영찰, 현상건 같은 이들이 돈을 모아 변호사 비용을 댔어요.

대한인 변호사로는 안병찬이 스스로 나섰어요. 또 안중근의 동생 안정근이 한성법학협회에 도움을 요청하여 변호사 변영만도 모둠에 오기로 결정했지요. 변호인 모둠을 살펴보면 한국 사람 두 명, 러시아 사람 두 명, 영국 사람 한 명, 스페인 사람 두 명 등 모두 일곱 명이었어요.

이렇게 여러 나라 사람들이 변호를 맡겠다고 한 것은 워낙 세상이 놀랄 만한 일이기도 했지만, 그보다 안중근을 무죄로 이끌 수 있다는 여론이 있기 때문이었어요. 같은 이유로 일본은 어떻게 해서든지 안중근의 무죄를 막고, 무거운 형벌로 몰기 위해 기를 쓰며 외국인 변호를 못 하게 했어요. 일본인 변호사가 담당한다 하더라도 만약 지금 법무부와 같은 사법성에서 이 재판을 독립적으로 판결한다면 무거운 형벌이 어려울

수 있는 상황이었어요. 그래서 일본은 이 일을 사법성 대신 관동도독부를 맡고 있던 외무성이 담당하게끔 만들었어요. 사법성이 법의 이치를 중요하게 따져 판결을 한다면 외무성은 다른 나라와 비교해서 자기 나라의 이익을 중요하게 따졌어요. 저들은 사건 최고 책임자를 외무성 대신으로 정하고 사건을 마음대로 주무른 거예요.

뤼순에서는 재판이 여섯 차례 열렸어요. 그런데 변호인들은 변호인 자리에서 변호를 하지 못하고 방청석에서 재판을 지켜봐야 했어요. 처음에 일본은 변호인 모둠의 변호 신청을 받아들이며 문명국 흉내를 냈어요. 하지만 곧 변호 신청을 허가하지 않는다고 결정했어요. 외국인 변호사는 허가할 수 없다는

말도 안 되는 규칙을 만들어서 변호를 막은 거예요.

일본은 자신들의 편에 서서 변호하는 일본인 관선 변호사를 내세웠어요. 안중근은 법정에 변호사 없이 서 있는 것과 다름없었어요. 하지만 혼자서도 당당하고 논리에 맞게 스스로 무죄를 주장했어요. 대한 의군으로 적군의 우두머리인 이토를 포살한 것이기 때문이에요.

안중근은 일본이 자신의 재판권을 갖는 게 공정하지 않다고 했어요. 만국공법에 의해 재판을 받아야 한다고 주장했지요. 하지만 일본 재판정은 아무것도 받아들이지 않았어요.

세계의 신문사들은 이 사건을 자세하게 전했어요. 안중근은 처음부터 세계 뉴스를 중요하게 여겼어요. 그래서 재판정에서도 이토의 죄 열다섯 가지를 분명하게 짚었어요. 또한 대한인이 얼마나 독립과 자유를 원하는지 세계만방에 알렸어요. 일본의 총칼에 대한인이 얼마나 치열하게 저항하고 있는지 보여 줬지요.

그런데 안중근에게 존경심을 보이며 친절하게 대하던 미조부치 검찰관의 태도가 어느 날 갑자기 변했어요. 고등법원장이 일본에 불려 갔다 온 다음이었어요. 변호인의 변호 신청이

거절된 것도 그즈음의 일이었어요. 안중근은 생각했어요.

'저들이 마음대로 할 수 없는 상황이군. 어떤 힘이 강제로 손을 쓴 게 틀림없어.'

마지막 재판인 여섯 번째 재판은 1910년 3월 14일에 열렸어요. 안중근의 주장은 전혀 받아들여지지 않았어요. 판사는 제대로 심문˙을 하지도 않고 최종 판결을 내렸어요.

"사형!"

재판정에 탕! 탕! 탕! 의사봉 소리가 울려 퍼졌어요. 참관석은 충격에 휩싸였어요. 일본 검찰관조차도 사형은 아닐 거라고 한 재판이었어요. 공평하지 않은 재판이었어요.

억울한 마음을 어찌 다 말로 할 수 있겠어요? 그런데도 안 의사는 귀한 목숨을 강제로 빼앗는 사람들 앞에서 자세 하나 흐트러지지 않았어요. 태도 또한 당당하고 침착했어요.

이 재판을 참관했던 영국 기자 찰스 모리머는 1910년 4월 16일자 영국의 화보 신문 〈그래픽〉에 재판에 대한 기사를 주요 기사로 실었어요.

'이 세계적 재판의 승리자는 안중근이다. 그의 입을 통해 이토는 한낱 파렴치한 독재자로 전락했다. 그는 이미 순교자가

심문과 신문은 국어사전에서 보면 비슷하게 나오지만 법에서는 달리 쓰입니다. 신문은 검찰이나 경찰이 죄를 밝히려고 캐묻거나 법원에서 진실을 가리기 위해 묻는 것을 말하는 반면에, 심문은 법원이 어떤 결정을 하기 전에 당사자에게 말할 기회를 주어 심사를 할 때 쓰는 말입니다.

될 준비가 되어 있었다. 준비 정도가 아니고 기꺼이, 아니 열렬히 귀중한 자신의 삶을 포기하려고 했다. 그는 마침내 영웅의 왕관을 손에 들고 늠름하게 법정을 떠났다.'

 정말 그랬어요. 안중근은 사형 선고를 받았지만 승리자였어요.

 사형 선고를 받은 뒤에 이에 복종하지 않는다는 뜻을 표시하려면 닷새 안에 이의 신청을 해야 했어요. 다시 판결을 내려 달라고 법정에 항소하는 것 말이에요. 하지만 안중근은 항소하지 않았어요. 안중근은 그 이유를 이렇게 설명했어요.

 "이제까지의 재판 과정을 볼 때 항소해도 결과가 바뀌리라고 기대할 수 없기 때문이오."

 그 대신 안중근은 히라이시 우지히토 고등법원장에게 면담을 신청했어요. 고등법원장을 만난 자리에서 재판이 공정하지 않은 점, 만국공법을 따르지 않은 점 등을 조목조목 따졌어요. 그리고 동양의 평화를 위해서 어떻게 해야 하는지 말했어요. 고등법원장은 고개를 끄덕였어요.

 "나는 그대의 뜻에 깊이 동감하오. 그러나 정부 기관의 결정은 고치기가 어려우니 어찌하겠소?"

법원장은 안중근에게 미안하다는 듯이 말했어요. 사실 담당 검찰관도 법원장도 다 안중근을 우러르고 존경하는 뜻을 보였어요. 하지만 일본 당국에서 정한 판결을 어쩔 수 없이 따라야 하는 입장이었던 거예요. 안중근은 법원장에게 요청했어요.

"만약 허락한다면 동양 평화에 대한 책을 쓰고 싶소. 책을 쓸 수 있게 형을 집행하는 날짜를 한 달 남짓 미루어 줄 수 있겠소?"

"어디 한 달뿐이겠소? 설사 몇 달이 걸린다 해도 특별히 허가할 테니 걱정하지 마시오."

안중근에게 시간은 그 무엇보다 중요했어요. 죽음을 앞둔 젊은이에게 귀하디 귀한 시간이었지요. 안중근은 책을 쓰기 시작했어요. 우선 자신의 일생에 대한 책인 자서전 〈안응칠 역사〉를 썼어요. 틈틈이 붓글씨도 썼어요. 법원의 관리, 감옥을 지키는 관리들이 부탁을 했기 때문이에요.

감옥에서 안중근은 일대일 감시를 받았어요. 일본 당국은 간수 한 명을 따로 붙여 안중근을 철저히 감시했지요. 안중근 전담 간수는 지바 도시치라는 사람이었어요. 처음에 그는 안중근을 미워했어요. 하지만 가까이에서 행동 하나하나를 지켜보는 사이 안중근의 사람 됨됨이에 마음이 움직였어요. 그는 어느새 안중근을 존경하게 됐지요.

　사형 판결이 난 뒤 스무 날이 지난 때였어요. 안중근은 부족한 시간을 쪼개어 〈안응칠 역사〉를 마치고, 다음 책인 〈동양평화론〉의 머리말과 앞부분을 쓰는 중이었어요. 그런데 아무런 이유도 없이 사형을 집행하는 날짜가 갑자기 당겨졌어요. 〈동양평화론〉을 쓰기 시작한 지 십여 일이 지났을 때였지요. 고등법원장이 형 집행 날짜를 미뤄 주겠다고 약속했지만 지켜지지 않았던 거예요.

　감옥에서 안중근을 감시하는 일을 맡았던 간수 지바 도시치는 마음이 너무 아팠어요. 사형 날짜를 바꿀 힘이 자신한테 없다는 것이 속상했어요. 지바 도시치는 안중근에게 정중하게 말하는 것 말고 달리 방법이 없었어요.

"시간이 되었습니다."

　안중근은 흔들리지 않았어요. 고요한 마음으로 어머니가 보내 주신 한복 수의로 갈아입었어요. 수의란 사람이 죽은 뒤에 관에 들어갈 때 입히는 옷이에요. 안중근은 그 옷을 스스로 입은 거예요.

 아무리 겁이 없고 두려움이 없는 안중근이라고 왜 안타깝지 않았겠어요? 하늘 아래 하나밖에 없는 귀한 목숨을 이런 시 구절로 남기기도 한 걸요.

'쥐 같은 도적 이등박문이여, 내 목숨을 어찌 네 목숨에 비길까.'

 교도소장과 간수들은 엄숙한 마음으로 안중근을 기다렸어요. 몸은 비록 감옥에 갇혀 있었지만, 태도가 얼마나 품위 있고 경건한지 다들 안중근을 공경했거든요.

 안중근은 기도할 시간을 구하여 기도를 하고 144일 동안 머물렀던 감옥을 나섰어요.

 1910년 3월 26일이었어요.

 일제는 그게 안중근의 마지막 순간이라고 믿었어요. 하지만 그들의 믿음대로 되지 않았어요.

"의로운 일로 죽는 것은 영원히 사는 것과 같소."

 안중근의 말처럼 그의 곧은 뜻은 지금도 우리 마음속에 살아 있어요. 오래도록 꺼지지 않을 평화의 등불이 되어 세상 곳곳을 환하게 비출 거예요.

안중근의 하얼빈 의거,
아직 다 못 한 이야기들

안중근에 관한 열한 가지 질문

1. 안중근 의사는 왜 일본 법정에서 재판을 받았을까요?

하얼빈에서 체포되었을 때 안 의사는 하얼빈 역 러시아 헌병대 파출소에 갇혔어요. 바로 그날 저녁, 일본 총영사관 지하 감옥으로 옮겨 갇히게 되었지요. 그 뒤로 일본인 검찰관이 조사를 하고, 일본인 판사가 재판을 했어요. 변호사도 일본이 마음대로 정한 관선 변호사였어요.

관선 변호사는 '죄를 짓기는 했지만 벌은 가볍게 주세요.'라는 식의 엉뚱한 변호를 했어요. 안 의사가 펴는 논리와 전혀 다른 것이었어요. 안 의사는 대한 의군으로서 적군의 우두머리를 처단한 것이므로 죄가 아니라고 주장했거든요. 군인의 신분이었기 때문에 전쟁 중에 적군의 포로가 된 것이라고 했지요. 미조부치 검찰관도 안 의사를 처음 만났을 때 이와 비슷한 의견을 냈어요.

의거 후 수갑이 채워진 안중근

안 의사는 일본의 법이 아니라 당시 국제법이었던 만국공법에 따라 재판을 받아야 했어요. 하지만 일본은 안 의사의 주장을 무시하고 자기네 마음대로 재판을 했어요.

당시 하얼빈은 러시아령이었지만 청나라 땅이었어요. 1899년에 대한제국과 청나라가 맺은 조약을 보면, 안 의사처럼 해외에서 체포되었을 때 안 의사를 재판할 권리는 대한제국에 있다고 돼 있어요. 게다가 안 의사가 체포된 때는 1909년으로 한일병합이 일어나기 전이에요. 일본이 대한제국을 완전히 삼켜 버리지 못한 때였는데 어떻게 안 의사를 일본 법정에 세웠을까요?

일본과의 전쟁에서 진 러시아는 일본의 눈치를 보는 중이었어요. 안 의사를 하얼빈 역 러시아 헌병대 파출소에서 바로 일본 총영사관 감옥으로 보낸 것만 봐도 알 수 있어요. 그 뒤 일본은 안 의사의 재판권을 움켜쥐고 놓지 않았어요. 대한제국 법에 벌을 내릴 규정이 없다는 말도 안 되는 이유를 대면서 말이지요.

일본 법정에 있는 안중근을 러시아 법정으로 되돌려 구출하려고 많은 사람들이 애를 썼어요. 일본은 이런 움직임을 알아채고 시도조차 못 하게 막으려고, 일본이 관할하는 뤼순 법원에서는 외국인 변호사를 쓸 수 없다는 말도 안 되는 규정을 발표한 거지요. 일본은 안 의사의 재판 결과가 두려웠을 거예요. 변호인의 변론 접수조차 거절할 정도로요. 혹시 판사가 가벼운 벌을 주거나 죄가 없다고 판결을 하면 어쩌나 하고 조바심을 냈어요. 그래서 중간에 고등법원장을 일본 본국으로 불러들이기까지 하면서 재판을 마음대로 주물렀지요. 러시아는 그걸 도운 셈이고요.

2. 안중근 의사의 변호인은 왜 방청석에 있었을까요?

하얼빈 의거 후 여러 나라에서 안 의사 재판에 관심을 보였어요. 당시는 힘센 나라끼리 약한 나라의 땅을 차지하는 것을 서로 눈감아 주는 때였어요. 하지만 사람으로서 지켜야 하는 가치를 중요하게 여기는 사람들은 늘 있는 법이니까요.

일본은 겁을 먹고 아예 변호를 못 하게 막아 버렸어요. 대신 일본 정부에서 마음대로 허수아비 같은 일본인 관선 변호사를 배정했지요. 방청석도 거의 다 일본 사람으로 채워 넣었어요. 안 의사를 변호하려고 준비하던 변호인단은 억울했지만, 일본의 어깃장에 어쩔 수 없이 변호인 자리에 서지 못하고 방청석에서 재판을 지켜봐야 했어요.

동료들과 재판받는 안중근

일본 정부는 안 의사에게 미끼를 던지기도 했어요. 만약 안 의사가 오해를 하여 이런 일을 하게 되었다고 말한다면 목숨을 살려 주겠다고 말이에요. 하지만 안 의사는 조금도 흔들리지 않고 모두가 한통속인 재판정에서 스스로 변호했어요. 이토의 15가지 죄를 조목조목 따지고 재판이 공정하지 않다는 걸 분명히 말했어요. 누가 들어도 고개를 끄덕일 만큼 논리가 반듯했지요. 하지만 재판정의 판결은 이미 사형으로 정해져 있었어요. 법과는 상관없이 말이에요.

사실 처음에는 뤼순 법정에서 변호인단의 변호를 허락할 뜻이 있는 것처럼 보이기도 했어요. 1909년 12월 1일, 미하일로프와 더글러스 변호사가 안 의사의 변호를 신청했을 때만 해도 그랬지요. 하지만 어느 날 갑자기 저들의 태도는 달라졌어요. 세상의 눈이 안 의사에게 유리하게 돌아갈 수도 있었으니까요. 또한 일본 천황을 욕보일 수도 있다는 두려움 때문에 저들은 변호 신청조차 허락하지 않은 거예요.

3. 뤼순 교도소의 관리들은 왜 안중근 의사를 점잖게 대했을까요?

안중근 의사는 뤼순 교도소에서 144일을 갇혀 있었어요. 하루 24시간 안 의사의 모든 행동을 감시하던 교도소의 일본 관리들은 안 의사의 인격과 태도, 생각과 논리에 감동하기 시작했어요. 그리고 존경의 마음까지 표시했지요. 일본 총영사관 지하 감옥에서 미조부치 검찰관이 안 의사를 신문하다가 감동한 것처럼 말이에요.

미조부치는 일본 동경제국대학을 나온 우수한 인재로, 안 의사보다 나이가 다섯 살이나 많았어요. 그런데도 첫 만남에서부

터 안 의사를 우러르게 되었지요. 다른 일본인 관리들도 비슷했어요. 신문이 끝나면 안 의사에게 담배를 주어 가며 세계의 정세를 함께 토론하기도 했으니까요.

〈안응칠 역사〉를 보면 뤼순 감옥에서 안 의사가 어떤 대우를 받았는지 알 수 있어요. 교도소장 구리하라와 경수계장(경비 책임자) 나카무라는 안 의사에게 매일 질 좋은 쌀밥을 줬어요. 고급 내복과 솜이불도 네 벌이나 챙겨 줬어요. 오전, 오후 두 번씩 밖으로 나오게 하여 과자와 차도 대접했어요. 일주일에 한 번씩은 목욕도 하게 해 줬어요. 한국어 통역관 소노키는 날마다 우유를 한 병씩 줬어요. 귤, 배, 사과 같은 과일도 여러 차례 넣어 줬지요. 미조부치 검찰관은 닭고기를 사서 넣어 주기도 했어요. 중간에 갑자기 태도가 바뀌긴 했지만요.

그들은 부탁도 했어요. 학문과 필체가 훌륭한 안 의사에게 글과 글씨를 써 달라고 요청했지요. 재판정을 오가는 데 경호를 맡은 일본 헌병까지도 안 의사에게 글씨를 부탁했어요. 줄지어

부탁하는 관리들에게 안 의사는 단어, 문장 등 여러 가지 글씨를 써 줬어요. 글씨를 쓴 다음에는 손바닥 도장을 찍어 줬지요. 1910년 2월과 3월에 뤼순 감옥에서 남긴 글씨는 200여 편이나 된다고 해요. 하지만 지금 확인할 수 있는 것은 실물과 사진을 포함하여 모두 50여 편이에요.

생전에 남긴 붓글씨, 유묵에 찍혀 있는 안 의사의 손바닥 도장을 보면 강렬한 느낌을 받아요. 단지동맹을 하여 왼손 약지 한 마디가 짧은 손도장에는 특별한 힘이 있어요. 안 의사의 굳은 뜻과 높은 정신을 엿볼 수 있거든요. 그래서 저절로 마음을 가다듬게 돼요.

4. 〈안응칠 역사〉에서 안중근 의사는 왜 동지들을 모른다고 했을까요?

〈안응칠 역사〉는 안중근 의사가 옥에 갇혀서 쓴 자서전이에요. 안 의사가 사형 집행을 받고 나면 그것은 당연히 일본 사람들의 손에 들어가게 돼 있었지요. 그러니 그 책에서 안 의사는 모든 걸 드러내어 쓸 수 없었을 거예요. 사실을 밝혀야 할 것은

〈안응칠 역사〉 등사본

밝히고 숨겨야 할 것은 숨겨서 썼지요.

　안 의사가 신문을 받을 때 동지들을 안다고 하면 그들은 갖은 고생을 할 게 뻔했어요. 그래서 동지들을 보호하기 위해서 모른다고 한 거예요. 다만 우덕순은 처음에는 모른다고 했다가 나중에는 안다고 인정했어요. 우덕순이 경찰에 체포되었을 때 권총을 갖고 있었기 때문에 피할 수 없는 증거 앞에서는 인정을 한 거예요.

5. 유동하는 의거를 모른 채 하얼빈에 갔을까요?

안중근 의사는 거사를 마치고 조사를 받을 때 오직 혼자 한 일이라고 주장했어요. 다른 사람은 거사에 대해 아무것도 모른다고 말했지요. 나중에 신문을 받을 때 권총을 가지고 있던 우덕순만 인정했어요.

그런데 과연 유동하가 거사를 몰랐을까요? 유동하는 안중근이 하얼빈에서 채가구로 떠난 다음에도 하얼빈에 있었어요. 아버지의 집은 수분하에 있는데 수분하에 가지 않은 거예요. 그리고 거사 당일에는 이른 아침에 안 의사와 함께 하얼빈 역으로 갔어요. 만약에 거사에 대해 몰랐다면 과연 이런 일들이 일어날 수 있었을까요?

유동하는 비록 나이는 어렸지만, 이미 거사 전에 나라를 구하는 데 힘을 쏟자고 7인 동맹까지 맺은 독립투사예요. 미루어 짐작해 보면 1909년 10월 26일의 거사도 당연히 알았을 거라고 여겨요.

6. 안중근 의사의 어머니는 왜 항소를 반대했을까요?

안중근 의사의 어머니 조 마리아 여사가 아들에게 보낸 편지에는 이런 내용이 나와요.

'네가 어미보다 먼저 죽는 것을 불효라 생각하면 이 어미는 웃음거리가 될 것이다. 너의 죽음은 너 한 사람의 것이 아니라 조선인 모두의 분노를 짊어진 것이다. 네가 항소를 한다면 그건 일제에 목숨을 구걸하는 것이다. 네가 나라를 위해 이에 이른 즉 다른 마음먹지 말고 죽으라. 옳은 일을 하고 받은 형이니 비겁하게 삶을 구하지 말고 큰 뜻에 따라 죽는 것이 어미에 대한 효도다.'

이런 내용도 있어요.

'이 편지는 아마도 이 어미가 쓰는 마지막 편지가 될 것이다. 너의 수의를 지어 보내니 이 옷을 입고 가거라. 어미는 이 세상에서 다시 만나기를 기대하지 않으니, 다음 세상에는 선량한 사람의 아들이 되어 이 세상에 나오거라.'

수의를 입은 안중근

이 편지를 보면 조 마리아 여사의 마음이 세상 무엇보다 굳고 단단해요. 안 의사의 강한 정신은 어머니로부터 물려받았다는 생각이 들 정도예요.

7. 독립운동에 힘쓴 가문들

안중근 의사의 집안에서는 40여 명이 독립운동에 참여했어요. 두 동생인 정근과 공근, 사촌 명근, 경근, 조카 춘생, 봉생, 원생, 낙생, 안명근의 매제 최익형, 안춘생의 부인 조순옥 등이 그들이에요. 한 가문에서 이렇게 많은 독립운동가를 냈다는 건 정말 대단한 일이에요.

많은 독립운동가를 낸 가문으로 이회영의 집안도 유명해요. 이회영은 대한민국 1대 부통령이었던 이시영의 형이에요. 9대에 걸쳐 정승 판서 참판 10명을 낸 집안인데, 이회영의 6형제가 가족 59명과 함께 만주로 가서 가족 모두가 독립운동에 몸을 바쳤어요. 이회영의 아내 이은숙은 그때 겪은 어려운 과정을 글로 써서 〈서간도 시종기〉라는 책을 남겼어요.

또 안동의 이상룡 집안, 의병장 출신의 유인석 집안, 허위의 집안도 가진 걸 다 버리고 온 가족이 독립운동에 나섰어요.

이들 집안은 나라가 어려운 때 집안 식구들의 목숨과 모든 재산을 걸고 일제와 맞서 싸운 거예요. 세상에 명문이란 게 있다면 이들 집안이야말로 진정한 명문일 거예요.

8. 안중근 의사의 아들 안준생은 친일파였다고요?

안준생은 안 의사의 둘째 아들이에요. 안 의사가 의거를 일으켰을 때 안준생은 아버지 얼굴도 본 적이 없는 세 살배기 아기였어요. 하얼빈 의거 이후 안준생을 포함하여 안중근 가족은 30년 동안 계속 총독부의 감시를 받으며 살았어요.

아이바 기요시라는 총독부 경찰은 신분을 감춘 채 안중근 가족을 감시하며 근처를 맴돌았어요. 안준생은 하는 일마다 실패를 겪었어요. 일자리를 구하려고 아무리 열심히 일을 해도 사흘을 못 가 해고되고 말았지요. 안중근 가족이 고생을 하도록 일제가 뒤에서 일을 꾸몄기 때문이에요.

안준생(맨 왼쪽)과 이토 분키치(맨 오른쪽)

　그런 상황에서 친절하게 대하며 다가온 아이바 기요시는 안준생에게 달콤한 제안을 했어요. 고국으로 돌아가자는 거였어요. 그것이 미리 꾸민 계략이란 걸 나중에 알고서도 안준생은 중간에 그만둘 수가 없었어요. 스스로 목숨을 끊을 게 아니라면 그 방법 밖에 달리 살 방법이 없다고 생각했지요.
　안준생은 아이바 기요시의 제안대로 고국에 와서 이토 히로부

미의 위패가 있는 박문사라는 절에 가서 사진에 찍히고 말았어요. 박문사는 이등박문을 기리는 절이에요. 일제는 그런 곳에서 찍은 사진을 신문에 내며 일제는 자기들한테 유리하게 기사를 덧붙였지요.

안준생은 이토 히로부미의 아들 이토 분키치를 만나는 사진도 찍혔어요. 이 두 사진을 가지고 일제는 안준생이 아버지의 죄를 사과했다고 기사를 냈어요. 기사를 본 사람들은 안준생을 친일파라고 손가락질했을 거예요.

독립운동가 김구도 안준생이 친일파가 되었다고 생각했어요. 우리나라가 광복이 된 후에 김구는 중국 관헌에게 부탁하기를, 안준생을 체포하여 교수형에 처해 달라고 할 정도로 화가 나 있었어요.

안준생을 감시했던 아이바 기요시는 안준생과 이토 분키치의 만남을 모두 기록했어요. 그들의 대화를 모두 글로 적은 거예요. 그런데 세월이 지난 뒤에 그 기록을 검토해 보니, 안준생은 사과의 말을 한마디도 하지 않았다는 것이 밝혀졌어요. 저들이 안준생에게 어쩔 수 없는 상황을 만들어 놓고 거짓으로 꾸며 낸 일이었던 거예요. 사실과 다른 기사 때문에 안준생은 오랫동안 고통받아야 했던 거지요.

9. 안중근 의사를 기억해요

1910년 3월 26일 안 의사가 사형을 당할 때 누구보다 슬퍼한 일본인이 있었어요. 감옥에서 안 의사를 감시하던 간수 '지바 도시치'라는 사람이에요. 지바는 안 의사를 존경하여 오래 기억하고 싶었어요. 그래서 안 의사의 이름을 적은 위패를 아침저녁으로 모셨지요.

지바는 안 의사에게 글을 써 달라고 부탁한 적이 있어요. 안 의사는 글을 쓸 마음이 내키지 않아 거절했다가 사형 집행 바로 직전에 종이와 붓을 가져오게 했어요. 그리고 글을 써 줬어요. '나라를 위해 목숨을 바치는 것은 군인이 할 일이다.'라는 뜻의 글이었어요. 지바는 그 글을 가보로 간직했어요. 세상을 떠나게 되었을 때 지바는 자손에게 이렇게 유언했어요.

안중근 의사 유묵(위국헌신군인본분)

"내가 이 세상을 떠나도 안 의사의 위패는 모셔야 한다."

이 유언을 따라 증손자인 지바 세이치는 지금도 안 의사의 정신을 기리고 있어요.

지바가 살았던 미야기 현에는 역사를 공부하는 사람들이 '사담회'라는 모임을 만들어 꾸준히 활동하고 있어요. 그들은 '청운사'라는 절에 안 의사 비석까지 세웠어요. 큰 지진이 났을 때는 비석이 쓰러졌나 염려되어 위험을 무릅쓰고 비석을 보러 갔다고 해요.

일본 류코크대학 법과대학원에서 교수였던 일본의 변호사 도츠카 에츠로는 이런 말을 했어요.

"의군 참모중장으로 일본인을 죽인 것은 범죄나 테러가 아닙니다. 전투입니다. 정당방위이며 무죄입니다. 그 당시 국제법을 보면 일반인도 의군으로서 전쟁할 수 있다고 쓰여 있습니다."

안 의사는 법정에서 제대로 된 변호를 못 받았어요. 하지만 100년이 넘게 지난 지금도 안 의사를 기억하며 변호하는 사람이 있는 거예요. 그것도 일본인이 말이에요.

2018년 3월 26일, 서울에 있는 '안중근의사기념관'에 30여 명의 일본인이 찾아왔어요. 안 의사를 기리는 추모식에 참석하러 일부러 온 거예요. 안 의사를 연구하는 대학 교수, 변호사, 연구소 이사장 등, 역사 공부 모둠의 사람들이었지요.
　이들은 일본인이지만 거의 매년 안 의사의 추모식에 참석하러 와요. 안 의사를 기억하고 존경하며 후손에게 전하려는 거지요. 이렇게 안 의사를 기억하는 사람들 덕분에 안 의사는 영원히 사는 것과 같아요. 안 의사가 말한 것처럼 말이에요.

안중근의사기념관

10. 〈동양평화론〉이란 무엇인가요?

〈동양평화론〉은 제목 그대로 동아시아의 평화를 말하는 책이에요. 어떻게 하면 동아시아 사람들이 평화롭게 살 수 있을까, 하는 생각을 멋지게 구상하여 보여 주고 있어요. 말은 동양이라고 썼지만, 사실은 동아시아에만 금을 그은 것은 아니에요. 세상 사람들에게 두루 널리 미치는 가치, 평화에 대한 생각을 담았거든요. 또한 안 의사의 의거를 뒷받침하는 생각이 무엇인지도 밝히고 있지요.

책을 쓰기 시작한 지 불과 열흘 뒤에 사형이 집행되어 머리말과 본문 앞부분 일부밖에는 쓸 수 없었던 미완성의 짧은 책이지만, 나라 안팎의 학자들은 이 책에서 안 의사가 밝힌 평화 사상을 열심히 살피고, 진지하게 연구해 왔어요. 안 의사의 생각 뿌리가 깊고 독창적이며, 세상 사람들이 바라보아야 할 가치를 잘 담고 있거든요.

안 의사의 생각을 공부하는 사람들은 '동양평화론'이 세계평화를 위해 꼭 필요한 사상이라고 해요. 사람들이 중요하게 생각하는 것을 이루는 방법을 보여 줬다고 여겨요. 또 안 의사가 힘없는 보통 사람을 역사의 주인공으로 대접했다며 박수를 보내요.

이토 히로부미

〈동양평화론〉에 대한 연구는 뜻밖에도 일본에서 활발하게 하고 있어요. 일본 사람들에게 〈동양평화론〉은 큰 충격이며 반성의 기회라는 거예요. 안 의사의 사상이 전쟁을 막아 준다고도 했지요. 뿐만 아니라 유럽이 뭉치는 데 바탕이 되는 사상과도 맞닿아 있으며, 인류 전체를 위한 사상이라고 칭찬을 아끼지 않아요.

  중국에서도 안중근의 〈동양평화론〉이 동아시아 역사에 넓게 영향을 끼쳤다고 말해요. 인간의 자유와 평등, 함께 살아가는 가치를 귀하게 여기는 인류평화사상을 이끌어 냈다는 거예요. 이렇게 나라 안팎에서 안 의사의 〈동양평화론〉을 다양하고 폭넓은 가치로 바라보고 있어요.

  당시 이토 히로부미도 '극동평화론'이라는 이름으로 평화를 말하기는 했어요. 하지만 그것은 말로만 평화를 주장하며 자기

나라, 자기 민족의 이익만을 생각하는 거였지요. 안중근은 이토의 위선적인 생각을 꿰뚫고 있었어요. 그래서 이토의 생각이 잘못된 것임을 밝히면서 완전히 차원이 다른 독창적 평화 사상을 〈동양평화론〉으로 펼친 거예요.

〈동양평화론〉 등사본

하얼빈에서 안 의사가 이토를 쏜 것도 평화를 위한 일이었어요. 폭력의 방법을 사용하긴 했지만, 그것은 파괴를 위한 폭력이 아니라 자유를 지키기 위한 폭력이었어요.

안중근 의사는 죽음을 앞두고 감옥에서나마 〈동양평화론〉을 마칠 수 있기를 간절히 바랐어요. 비록 다 쓰지는 못했지만, 이 책은 빠르게 변하는 이 시대에도 도움이 될 정도로 그 가치가 살아 있지요.

지구는 둥근데 아시아가 동양이라고요?

중국은 우리나라보다 서쪽에 있는데 동양일까요, 서양일까요? 보통 터키 오른쪽에 있는 아시아 나라들을 동양이라고 불러요. 우리나라에서도 서쪽에 있는 중국을 동양이라고 부르지요. 동양(東洋: 동쪽의 큰 바다)의 양은 바다라는 뜻인데, 어째서 사람들은 육지를 동양, 서양이라고 부르는 걸까요?

사실 동양이란 말을 처음 이름 붙인 나라는 중국이에요. 중국에서 주로 다니던 남쪽 뱃길에서 오른쪽을 동양이라고 부르기 시작했거든요. 그 뒤에 19세기 후반 일본의 메이지유신 시대를 즈음하여 영어의 오리엔트(Orient)를 동양이라고 번역한 예가 널리 퍼졌어요.

미국 영문학자 에드워드 사이드는 1978년 출간된 〈오리엔탈리즘〉이라는 책에서 서양과 비교하며 동양을 깔보았어요. 동양을 탐험하고 지배하고 빼앗으며 얕보는 대상으로 여긴 거예요. 심지어 동양은 스스로는 존재하지도 못한다면서 뒤틀린 거울로 보기도 했어요.

사실 동양이란 말에는 북아메리카와 유럽의 잘못된 색안경이 걸쳐져 있어요. 사정이 이런데도 그 말을 계속 쓰는 사람들이 많아요. 심지어 아시아 사람들조차 그 말을 쓰며 스스로를 깔보는 줄도 모르고 있어요.

얕잡아 보는 편견을 뺀다 하더라도 동양이라는 말에는 모순이 있어요. 지구는 둥글기 때문에 어떤 점을 정하기 전에는 동쪽, 서쪽이 다 가능하니까요. 그동안 그

기준이 되는 점은 주로 유럽과 북아메리카였어요. 저들이 보기에 서아시아는 근동(가까운 동쪽), 동아시아는 극동(멀리 있는 동쪽)이라고 부르니, 다른 나라에서도 그렇게 부르는 우스꽝스러운 일이 일어났지요. 멀쩡한 자기 눈을 두고, 남의 눈을 빌어, 남의 기준으로 보는 꼴이 된 거예요.

그게 틀린 표현이라는 건 누구나 알 수 있어요. 그래서 앞서가는 역사학자들은 더 이상 동양이라는 말을 쓰지 않아요. 대신에 아시아, 동아시아 같은 말을 써요. 서양도 북아메리카와 유럽이라는 말로 대신하고 있어요.

안중근 의사의 〈동양평화론〉은 사이드의 책이 나오기 한참 전에 쓰여진 책이에요. 동양이란 말을 쓰긴 했지만, 내용을 보면 지역을 뛰어넘는 평화의 뜻이 잘 드러나 있어요.

11. 사상가 안중근과 철학자 칸트는 닮은꼴?

안중근 의사, 하면 사람들은 대부분 하얼빈 의거를 생각해요. 그런데 하얼빈 의거가 어떤 생각에서 이루어졌는지를 안다면, 안 의사가 사상가로서 얼마나 앞서 세상을 내다봤는지 알 수 있어요.

미완성의 짧은 〈동양평화론〉에 뛰어난 철학적 사상이 담겨 있다는 것은 일본의 철학자들이 먼저 알아봤어요. 안중근의 〈동양평화론〉이 칸트의 〈영구평화론〉과 닮은꼴이라는 거예요.

칸트는 안중근보다 150여 년이나 먼저 독일에서 태어난 철학

임마누엘 칸트

자예요. 두 사람은 살았던 때와 장소가 완전히 달라요. 그런데도 닮은꼴로 세상의 평화를 생각했다니 신기하고 대단해요.

칸트의 〈영구평화론〉은 1920년 국제연맹(국제연합의 전 기구)의 기초가 됐어요. 안 의사의 사상은 이보다 십 년이나 앞선 것이었지요.

일본의 어느 헌법학자는 안중근의 〈동양평화론〉이 칸트의 〈영구평화론〉보다 오히려 한걸음 더 나아간 것이라고 봤어요. 안중근은 군사나 돈으로 뒷받침하는 국제적 모임을 만들자고 했는데, 이것은 현재 유럽연합(EU)의 틀과 가깝다는 거예요.

나라 밖, 일본에서 먼저 인정한 안중근 의사의 사상을 보는 눈은 국내에도 영향을 줬어요. 안중근 하얼빈학회 공동 회장을 맡았던 학자는 나라 밖, 특히 일본에서 하고 있는 안중근 연구가 새로운 자극제라며, 국내에서도 안중근을 보다 넓게 이해해야 한다고 했어요.

안중근 의거는 백 년이 지났지만, 안중근 사상은 지금도 들어맞아요. 지금 세상 돌아가는 모습이 그때와 비슷하기도 하지만, 안중근 사상이 이웃 나라와 함께 잘살 수 있는 길을 앞서 보여 주었기 때문이에요.

🚂 **안 의사와 칸트의 생각이 어떻게 닮았는지 살펴볼까요?**

- 국제 평화를 이루기 위해선 상시로 지키는 군인을 줄여야 한다고 여겼어요.
- 북아메리카와 유럽의 힘센 나라들이 아시아를 식민지로 삼는 것은 잘못이라고 꼬집었어요.
- 평화에 대한 생각은 교육과 깊은 관계가 있다고 여겼어요.
- 강제적인 힘으로는 진정한 평화를 이룰 수 없다는 사실을 꿰뚫어 봤어요.
- 종교적으로 신이 있으며 그 원리와 원칙에 따라 평화를 이룰 수 있다고 봤어요.
- 역사의 미래를 내다보고 철학적으로 꿰뚫어 보는 데 뛰어났어요.
- 평화를 위해서는 세대를 뛰어넘어 노력을 계속해야 한다고 여겼어요.

안중근과 함께 기억해야 할 인물들

우덕순

우덕순 안중근과 우덕순은 살았던 길을 보면 겹치는 부분이 많아요. 1908년에는 의병 활동을 하며 참모중장 안중근과 함께 두만강을 건너 함경도 경흥, 회령 지방의 일본군을 기습 공격했어요. 하얼빈 의거에서도 안중근과 마찬가지로 이토 포살에 스스로 나섰어요. 만약에 채가구 역에서 우덕순이 밖으로 나갈 수 있는 상황이었다면, 우덕순 역시 망설임 없이 총으로 이토를 겨눴을 거예요.

우덕순은 하얼빈 의거로 3년 옥살이를 판결받았어요. 그런데 의병 활동 중에 함흥 감옥에서 탈출한 적이 있었다는 게 드러나 옥살이를 2년 더 했어요. 감옥에서 나온 뒤 우덕순은 만주 지역에서 교육 사업을 하며 독립운동에 힘썼어요. 해방이 되어 우리나라로 돌아와서는 정치 활동을 했어요. 71세로 세상을 떠나기

전까지 안중근 의사의 업적을 세상에 알리는 데 힘썼어요.

유동하 아버지가 독립운동하는 이들과 가까이 지내는 것을 보며 자랐어요. 유동하의 아버지, 유경집은 한의사로 중국과 러시아 국경 지역인 수분하에서 한약방을 했어요. 한약방에서 번 돈으로 독립운동 하는 사람들을 뒤에서 많이 도왔지요. 그들과

유동하

가까이 지내는 아버지를 보고 유동하도 자연스럽게 독립운동에 참여하게 된 거예요.

유동하는 하얼빈 의거로 1년 6개월의 옥살이를 했어요. 옥에서 풀려난 뒤에도 계속 독립운동을 했어요. 러시아에서 혁명이 일어났을 때엔 혁명군에 들어갔어요. 혁명군 활동을 하던 중 러시아 시베리아에 머물던 일본군에 붙잡혀 27세의 나이로 세상을 떠났어요.

조도선

조도선 함경도에서 농사짓는 아버지를 떠나 러시아에 갔어요. 처음에는 남의 집 농사를 지어 주면서 생활하다가 금광 광부도 되어 보았고, 장사도 해 봤지요. 그러다가 러시아 여자와 결혼하여 하얼빈에서 세탁소를 하려고 준비하던 참에 안중근을 만났어요. 러시아에서 산 지 15년 정도 되어 러시아 말을 잘했어요. 안중근을 도운 죄로 1년 6개월의 옥살이를 했어요.

김성백 러시아 국적을 갖고, 동청철도 건설 등 건축업과 통역 일을 했어요. 하얼빈에 사는 한인을 위해 한인회를 만들었고, 회장으로서 하얼빈에 오는 한인들을 많이 도왔어요. 김성백의 집은 언제나 사람이 모여드는 집이라고 불릴 정도로 러시아 한인 사회에서 영향이 컸지요.

하얼빈에 사는 동포들이 힘을 모아 동흥학교를 세울 때에도 가장 많은 힘을 보탰어요. 의거 뒤에 학교 문을 닫았을 때 김성백은 하얼빈에 사는 동포들을 일일이 찾아 다니면서 학교를 다시 열어야 한다고 설득했어요. 그 노력으로 12월에는 다시 학교

를 열게 되었지요.

안중근 의사가 하얼빈에 갔을 때 숙소를 마련하고 동흥학교의 김형재, 탁공규 등을 소개해 주었어요. 안 의사가 체포된 뒤에 안 의사의 가족을 돌보기도 했어요.

최재형 함경도 경흥에서 노비로 태어나 9살 때 가족과 함께 두만강을 건너 러시아로 갔어요. 12살에 친절한 러시아 선장 부부를 만나 공부를 했어요. 17살까지 배를 타고 세계를 돌아다니며 유럽의 문물을 익히고 러시아 말과 중국 말을 배웠지요.

이후 러시아 도로 건설 책임자로 뽑혀 성공적으로 일을 마쳤고, 이를 계기로 재산을 많이 모았어요. 그 재산으로 동포를 위한 학교를 30여 곳이나 지어 교육 사업에 앞장섰지요.

의병을 돕는 일도 열심히 하여 의병에게 의식주와 무기를 지원해 주었어요. 〈대동공보〉 신문사가 돈이 없어 문을 닫아야 했을 때도 최재형이 많은 돈을 들여 다시 신문을 펴내게 만들었지요.

안중근 등이 단지동맹을 한 것도 러시아 그라스키노에 있는 최

최재형

재형의 집에서였고, 의병을 모아 동의회를 만든 것도 최재형의 집이었어요. 안중근은 최재형의 집에서 벽에 사람을 세 명 그려 놓고 사격 연습을 했다고 해요.

최재형도 하얼빈 의거 뒤에 안중근의 가족을 돌보았어요.

김구

김구 일본이 조선에 강제로 불평등조약을 맺은 해에 태어났어요. 세상은 벼슬자리를 사고 팔 정도로 어지러운 때였어요. 모든 사람이 평등하다고 내세우는 동학은 김구에게 단비와도 같았지요. 동학에 들어간 김구는 열성적으로 동학의 가르침을 배우고 주위에 전하여 어린 나이에 동학 모둠의 우두머리인 접주가 되었어요.

변변한 무기도 없이 해주성에 쳐들어갔다가 관군과 일본군의 공격에 크게 지고, 산에서 몸을 피하고 있다가 안중근의 아버지 안태훈 진사를 만났어요. 그의 집에서 세 달여 신세를 졌는데, 아마 그때 안중근과 만나지 않았을까 짐작해요.

김구는 독립운동을 하는 모임 애국단을 조직하여 1932년 이봉창 의사가 도쿄에서 일본 황제에게 수류탄을 던지는 일을 계획했어요. 상하이 훙커우 공원에서 윤봉길 의사가 일본 황제 생일 축하 자리에 도시락 폭탄을 던진 일도 계획했지요.

안중근의 동생인 정근, 공근과도 함께 독립운동을 하기도 했어요. 정근의 딸 미생은 김구의 맏아들 김인과 혼인했고, 김구의 비서 역할을 했지요.

독립운동이 여러 갈래로 파가 갈라질 때 김구는 이들을 함께 모으려고 무척 노력했어요. 독립이 된 뒤에도 나라가 둘로 쪼개지는 것을 막아 보려고 힘껏 노력했어요. 비록 뜻을 이루지는 못했지만, 나라의 독립을 위해 평생을 바친 높은 뜻은 세월이 흘러도 바래지 않을 거예요.

안창호 일본에 빼앗긴 주권을 찾기 위해 교육과 시민 의식이 중요하다고 여기며 평생을 독립운동에 힘썼어요.

독립협회에서 활동하며 만민공동회를 열어 동포들의 마음을 어

안창호

루만지고, 독립 의지를 모았어요. 마음을 움직이는 연설을 잘하여 감시하던 일본 경찰까지 눈물을 흘릴 정도였지요.

나라 안에서 독립운동을 하는 게 점점 어려워지자 미국으로 건너가서 활동했어요. 해외 교포들의 시민 의식을 높이기 위해 직접 거리를 청소하기도 하고, 연설도 하며 설득한 결과 사람들은 그를 따르기 시작했어요. 독립 정신의 뜻을 모아 함께 일어서자며 공립협회를 만들고 공립신문도 발행했어요.

안창호는 귀국해서도 독립운동을 계속했어요. 안창호가 연설을 하는 곳마다 사람들이 구름처럼 모여들었어요. 이에 불안해진 통감부는 안창호를 일본 편으로 만들려고 노력했어요. 그때 통감부의 우두머리였던 이토는 손자뻘 되는 안창호에게 극진한 말로 칭찬을 하며 높은 자리를 제안했어요. 하지만 안창호는 이토의 말마다 조목조목 논리적으로 따지며 거절하고 이토가 더 이상 말을 못 하게 받아쳤어요.

안창호는 계속해서 신민회, 흥사단 같은 독립운동 모임을 만들고, 평양에 대성학교를 세워 독립의 싹을 심었어요. 1919년 상하이에 대한민국 임시정부를 세울 때 참여하여 내무총장으로 대한민국의 든든한 일꾼이 됐어요. 이때 김구가 안창호를 찾아

와 대한민국 정부의 문지기라도 되게 해 달라고 부탁했어요. 안창호는 김구의 사람됨을 알아보고 경무국장˙에 임명했지요.

일제는 안창호가 독립운동을 하기 어렵게 끝없이 괴롭혔어요. 하얼빈에서 안중근 의사가 이토를 쓰러뜨렸을 때도, 훙커우에서 윤봉길 의사가 폭탄을 던졌을 때도 기다렸다는 듯이 안창호를 체포했어요. 체포와 고문으로 안창호의 몸은 만신창이가 되었어요. 안창호는 뜨거운 독립의 염원을 가슴에 품은 채 1938년 3월 세상을 떠나고 말았어요.

경무국장 지금의 경찰청장과 비슷한 자리

안중근의 생애

1879년(1세)
9월 2일 황해도 해주부 광석동에서 태어남.

1885년(7세)
안씨 일가 해주에서 황해도 신천군 두라면 청계동으로 이사함.

1894년(16세)
김아려와 결혼함.

1895년(17세)
청계동에서 온 김구와 만남. 청일전쟁 끝남.

1897년(19세)
빌렘 신부에게 '도마(Thomas)'로 세례를 받음.

1902년(24세)
첫째 딸 안현생이 태어남.

1905년(27세)
독립운동할 근거지를 마련하려고 중국 산둥반도와 상해를 찾아감.
아버지가 돌아가셨다는 소식을 듣고 귀국함. 첫째 아들 안분도 태어남.

1906년(28세)
아내, 아이들과 함께 진남포 용정동으로 이사함.
집 한 채를 지어 교육 구국 운동에 힘씀.
초등 교육 기관 돈의학교가 어려울 때 일으켜 세움.

1907년(29세)
국채보상운동에 참여, 정미 7조약 뒤에
국외 활동을 해야겠다고 결심하고 블라디보스토크로 감.
둘째 아들 안준생 태어남.

1908년(30세)
국외 의병부대를 만듦, 참모중장 일을 함.
두만강을 건너 함경북도 경흥 근처를 공격하여 몇 차례 승리함.
사로잡은 일본 군인과 상인들을 만국공법에 근거하여 풀어 준 일로
일본군에게 위치가 밝혀져 기습공격을 받아 후퇴함.

1909년(31세)
3월, 11명의 동지들과 함께 왼손 넷째 손가락 한 마디를 끊어
동의단지회 만듦.
10월 초 이토 히로부미가 하얼빈에 간다는 소식을 듣고
하얼빈 의거를 결심함.
10월 22일 우덕순, 유동하와 함께 하얼빈에 감.
10월 26일 하얼빈 역에서 이토 히로부미 포살 후 체포 됨.

1910년 (32세)
3월 26일 동양 평화를 유언으로 남기고 순국.

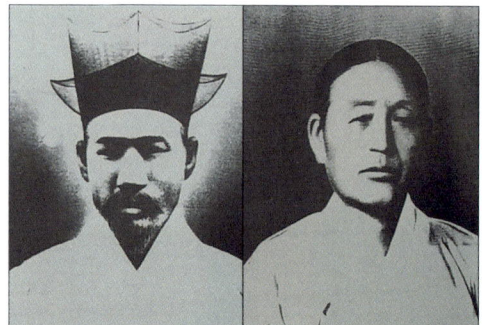

아버지 안태훈, 어머니 조마리아

삼흥학교와 돈의학교를 세우던 때의 안중근

아내 김아려와 두 아들 분도, 준생

안중근, 우덕순, 유동하

단지동맹 12인

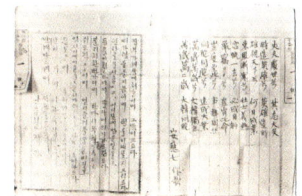

장부처세가

단지 후 쓴 혈서

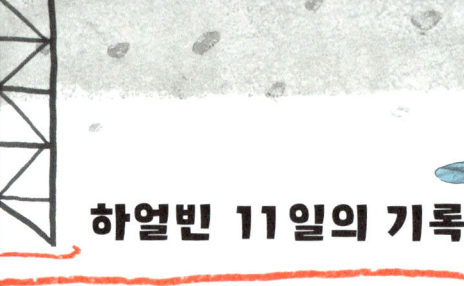

하얼빈 11일의 기록

1909년 10월 22일
안중근, 우덕순, 유동하 하얼빈에 도착.

1909년 10월 23일
이발하고 양복을 사 입음. 러시아어 통역을 맡을 조도선을 만남.

1909년 10월 24일
안중근, 우덕순, 조도선 하얼빈에서 채가구로 이동, 유동하는 하얼빈에 남음.

1909년 10월 25일
우덕순과 조도선은 채가구에서, 안중근을 다시 하얼빈으로 감.

1909년 10월 26일
안중근, 하얼빈에서 이토를 저격한 뒤 체포 당함.
유동하는 하얼빈에서, 우덕순과 조도선은 채가구에서 체포 당함.

1909년 10월 27일 ▶ 29일
안중근의 재판이 뤼순 관동법원으로 넘겨짐.

1909년 10월 30일 ▶ 31일
일제, 안중근을 뤼순 감옥으로 보내기로 결정함.
우덕순, 유동하, 조도선, 정대호 등 안중근의 동료들 신문 받음.

1909년 11월 1일
안중근 외 9명 뤼순으로 옮겨짐.

1910년 3월 26일
안중근, 동양 평화를 유언으로 남기고 순국.

참고 자료

책

『백범일지』, 교문사. 김구 글. 1979

『안중근 평전』, 황재문, 한겨레출판, 2011

『안중근, 하얼빈 11일』, 원재훈, 사계절, 2010

『안중근과 평화』, 박노연, 을지출판공사, 2000

『안중근의사의 삶과 나라사랑 이야기 : 안의사의 옥중자서전』,
안중근의사숭모회 · 일곡문화재단, 일곡문화재단, 2011

『영원히 타오르는 불꽃-안중근의 하얼빈 의거와 동양평화론』,
이태진, 지식산업사, 2010

『칸트 철학에의 초대』, 한자경, 서광사, 2006

『칸트와 헤겔의 철학』, 백종현, 아카넷, 2017

『한국근대사의 기독교사적 이해』, 윤경로, 역민사, 1992

잡지

「간디, 이토, 안중근: 문명의 충돌. 철학과 현실」, 허우성, 2014

「동아시아의 맥락에서 본 안중근 의사의 동양평화론」,
김경일, 정신문화연구, 2009

「러일전쟁 이후 동아시아 질서구상: 야마가타 아리토모의
전후경영론과 안중근의 동양평화론 비교」, 박영준, 한국정치외교사논총, 2009

「안중근 의사의 동양평화론의 현대적 의의: 새로운 '동아시아공동체' 구상의 선구자 및 안중근의 동양평화론과 동북아평화공동체의 미래」, 牧野英二, 안중근 의거 100주년 기념 국제학술회의, 2009

「안중근 평화주의의 기초: 칸트 영구평화론과의 비교 관점」, 오영달, 한국보훈논총, 2016

「안중근, 모순과 싸운 영웅」, 황해문화, 2009

「안중근과 일본인-동양평화의 실현을 위해」, 牧野英二, 아시아문화연구, 2010

「안중근연구의 현황과 쟁점」, 신운용, 역사문화연구, 2013

「안중근의 동양평화론 논리와 현재적 의미. 한국인의 평화사상」, 김형목, 서울대 통일평화연구원, 2017

「안중근의 동양평화론, 변함없는 가치」, 김삼웅, 인물과사상, 2009

「안중근의 동양평화론과 그 성격」, 현광호, 아세아 연구, 2003

「안중근의 동양평화론과 그 의미」, 김형목, 군사연구, 2009

「안중근의 동양평화론과 이등박문의 극동평화론」, 신운용, 역사문화연구, 2005

「안중근의 평화사상의 내용과 의미」, 오일환, 민족사상, 2012

「안중근의 하얼빈의거와 순국 100주년의 성찰-안중근 연구의 방향」, 윤병석, 군사연구, 2009

「안중근의거 배경과 동양평화론의 현대사적 의의」, 윤경로, 한국독립운동사연구, 2010

「안중근학의 출발을 바라는 노력의 한 결실」, 김수태, 충남대, 2009

「오리엔탈리즘과 동아시아: 근대 동아시아의 '타자화'와 저항의 논리」, 김정현, 중국사 연구, 2005

「일본학계의 안중근 연구 쟁점과 과제」, 한국근현대사연구, 한철호, 2012

「東洋平和と永遠平和-安重根とイマヌエル・カントの理想」,
牧野英二, 法政大學 文学部紀要, 2009

논문

「중국 근대문학 속의 安重根 형상 연구 = Analyse on the An-ChongGen's image in Modern Chinese Literature」, 장효군,
전남대학교 대학원 석사학위논문, 2009

「안중근에 대한 주변 국가들의 이해」, 권상균. 광주가톨릭대학교 석사학위
논문. 2013

다큐멘터리

MBC 광복절 특집 '안중근 105년, 끝나지 않은 전쟁', 2014. 8. 15 방송

웹사이트

안중근의사기념관 http://www.ahnjunggeun.or.kr/
안중근의사숭모회 http://www.patriot.or.kr/

이 책에 실린 사진의 출처는 아래와 같습니다.

안중근의사기념관

p.100 의거 후 수갑이 채워진 안중근, p.103 동료들과 재판받는 안중근,
p.107 〈안응칠 역사〉 등사본, p.109 수의를 입은 안중근, p.116 안중근의사기념관,
p.119 〈동양평화론〉 등사본, p.124 우덕순, p.125 유동하, p.126 조도선,
p.127 최재형, p.134 아내 김아려와 두 아들 분도, 준생,
p.135 안중근, 우덕순, 유동하, p.135 장부처세가

Wikimedia commons

p.112 안준생과 이토 분키치 ⓒ每日新報, p.118 이토 히로부미,
p.122 임마누엘 칸트, p.128 김구, p.129 안창호,
p.134 아버지 안태훈, 어머니 조마리아,
p.134 삼흥학교와 돈의학교를 세우던 때의 안중근,
p.135 단지동맹 12인, p.135 단지 후 쓴 혈서

문화재청

p.114 안중근 의사 유묵(위국헌신군인본분)

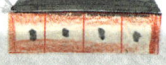